DES MÊMES AUTRICES

Œuvres d'Ariane Chemin

JOSPIN & CIE : HISTOIRE DE LA GAUCHE PLURIELLE, 1993-2002, *avec Cécile Amar*, Seuil, 2002.
LA PROMO SCIENCES-PO 1986, Stock, 2004.
UNE FAMILLE AU SECRET. LE PRÉSIDENT, ANNE ET MAZARINE, *avec Géraldine Catalano*, Stock, 2005.
LA FEMME FATALE, *avec Raphaëlle Bacqué*, Albin Michel, 2007.
LA NUIT DU FOUQUET'S, *avec Judith Perrignon*, Fayard, 2007.
FLEURS ET COURONNES, Stock, 2009.
L'INTÉGRALE CORSE, *introduction et textes du livre de René Pétillon*, Les Arènes/Glénat, 2009.
LES STRAUSS-KAHN, *avec Raphaëlle Bacqué*, Albin Michel, 2012.
LE MAUVAIS GÉNIE, *avec Vanessa Schneider*, Fayard, 2015.
MARIAGE EN DOUCE, Les Équateurs, 2016.
LA COMMUNAUTÉ, *avec Raphaëlle Bacqué*, Albin Michel, 2018.
BENALLA ET MOI *(album BD : scénario avec François Krug, dessin de Julien Solé)*, Seuil, 2020.
À LA RECHERCHE DE MILAN KUNDERA, Éditions du Sous-sol, 2021.

Œuvres de Marie-France Etchegoin

EVA OU LA JUSTICE EST UN ROMAN, *avec Matthieu Aron*, Robert Laffont, 2003.
CODE DA VINCI : L'ENQUÊTE, *avec Frédéric Lenoir*, Robert Laffont, 2004.
LE BÛCHER DE TOULOUSE. D'ALÈGRE À BAUDIS : HISTOIRE D'UNE MYSTIFICATION, *avec Matthieu Aron*, Grasset, 2005.
LA SAGA DES FRANCS-MAÇONS, *avec Frédéric Lenoir*, Robert Laffont, 2009.
UN MILLIARD DE SECRETS, Robert Laffont, 2011.
L'INDIGNÉE DE LA RÉPUBLIQUE, *avec Matthieu Aron*, Robert Laffont, 2012.
ET SOUDAIN, ILS NE RIAIENT PLUS, *avec Marie-Amélie Lombard, Dorothée Moisans, Thierry Lévêque*, Les Arènes, 2016.
MARSEILLE, LE ROMAN VRAI, Stock, 2016.
J'APPRENDS LE FRANÇAIS, JC Lattès, 2018.

RAOULT

ARIANE CHEMIN
MARIE-FRANCE ETCHEGOIN

RAOULT

Une folie française

nrf

GALLIMARD

PROLOGUE

« Je vais vous raconter une chose que je n'ai jamais confiée à personne » lance Didier Raoult. Nous sommes assises face au célèbre professeur dans le bureau qui lui sert de QG à Marseille. Il parle déjà depuis trois bonnes heures et, en ce début de printemps, nous venons de lui demander s'il a déjà fait mesurer son intelligence. Il semble en faire si grand cas. C'est là qu'il livre ce secret : « Un jour, alors que j'avais quatorze ans, un pédopsychiatre a dit à mon père : "Écoutez, votre gosse a 180 de QI. Laissez-le faire. Tout ira bien." »

Un quotient intellectuel de 180 ! Le QI standard tourne, paraît-il, autour de 100 et, pour appartenir aux « génies », il faut dépasser la barre des 140. Ni Albert Einstein (160), Nicolas Copernic (130) ou Amadeus Mozart (150) n'ont jamais atteint le score de Didier Raoult. Quel message nous envoie le scientifique marseillais alors qu'au dernier étage de son hôpital nous cherchons à comprendre les ressorts de sa personnalité ?

Un an et demi de pandémie a fait de ces vingt mètres carrés le bureau le plus célèbre de France. En ce printemps 2021, le globe terrestre posé sur la table de travail du professeur continue de tourner sans s'arrêter. Dans sa bibliothèque, entre ses diplômes et ses médailles, trône aussi un crâne noir couvert de faux diamants. « "Pour se souvenir que nous sommes mortels", les Romains disaient ça à chaque triomphe d'un consul. » Derrière son fauteuil pivotant se cache l'un de ses tableaux de jeunesse : une bouche ouverte qui dévore un visage, presque le *Cri* de Munch.

En ce lieu, Didier Raoult enregistre chaque semaine son « bulletin d'information scientifique » pour sa chaîne YouTube. Les journalistes des chaînes « tout info » y ont défilé les uns après les autres, parfois pour se faire mordre. Même Emmanuel Macron s'est laissé enfermer deux heures durant dans cette pièce où toute la vie du professeur se déploie en photos. « Le bureau du destin », glisse Didier Raoult. Sur un mur, entre ses statuettes africaines, ses microscopes et ses posters de virus géants, il a accroché les clichés de quatre présidents de la République. Avec eux, il a posé aux différentes étapes de son ascension : Jacques Chirac, Nicolas Sarkozy, François Hollande, Emmanuel Macron, épinglés comme des trophées. Juste en face, le portrait de son père, médecin dans l'ex-Empire colonial, en compagnie de De Gaulle ; sa mère, elle, s'invite sur la couverture d'un recueil de correspondances secrètes vieilles d'un siècle, que pour nous le microbiologiste extrait de son tiroir. « L'histoire et la géographie sont plus fortes que nous, professe-t-il. L'illusion de liberté totale est exclue. Voilà pourquoi je vous parle de destin. » Il croit aux « héros hégéliens » qui, comme César ou Alexandre, ne sont ni ce qu'ils pensent, ni ce qu'ils cachent, mais ce qu'ils font.

Lui a surgi en même temps que le coronavirus et s'est

imposé sur les écrans de télévision, dans les conversations, les querelles de famille, parfois les ordonnances. Il a traversé nos vies plus vite qu'une comète, comme sorti de nulle part, avec cette dégaine étrange et familière empruntée à de vieux archétypes : « le Professeur », le scientifique, le savant fou, le magicien, le druide, le Gaulois, l'imprécateur, le rebelle, le gourou, le sauveur… Adulé ou détesté, mais désormais connu de la planète entière ou presque. Génial pour les uns, escroc mégalo pour les autres, ou simplement grand scientifique parti en vrille sur fond de catastrophe épidémique, il en est venu à incarner une nouvelle mythologie hexagonale.

Avec sa chloroquine, il a transcendé les clivages, ravi les complotistes, hypnotisé une partie du pays. Son remède fétiche s'est même invité dans la campagne présidentielle américaine, divisant démocrates et républicains comme si la science était devenue une opinion.

Jamais, du moins au cours du dernier siècle, un médecin n'a suscité pareille passion. Dans un pays affolé par un virus qui a causé 100 000 morts en un an, Didier Raoult a cristallisé espoirs et ressentiments. Pourquoi lui ? Et qui est-il vraiment ?

Voici l'histoire d'une folie française et d'un homme qui se rêvait un destin.

1

MÉDECINE DE BROUSSE

« J'avais une antilope comme animal de compagnie. » C'est le petit secret de Didier Raoult, sa madeleine de Proust. Une dernière confidence qu'il nous livre dans son *bureau du destin* en ce printemps 2021, quelques jours avant de s'envoler vers le Sénégal. Là-bas, politiques, médecins et scientifiques l'appellent encore « l'éminent professeur » et le président Macky Sall doit le faire commandeur de l'ordre national du Lion.

Tout le monde sait que le patron de l'Institut hospitalo-universitaire de Marseille est né à Dakar. Il est même « né dans un laboratoire », celui de son père. Ainsi débute le roman de sa vie, tel que mentionné dans ses propres écrits ou dans ceux qui lui ont été consacrés depuis qu'il est devenu l'un des scientifiques les plus célèbres de France. « Né dans un laboratoire », presque un slogan publicitaire alors que pour être exact, il faudrait préciser : « né dans un laboratoire en Afrique française », ce qui change pas mal de choses. En écoutant Didier Raoult, on se représente fort bien son antilope. On le voit courir des après-midi entières pieds nus sur le sable, sans entrave ni obligation d'aller à l'école. On devine sa position de petit dernier dans une famille nombreuse, ses parents qui le portent aux nues, l'adoration que lui-même leur voue, les six premières années de son existence dont il se sent le prince. On en oublierait presque que cette enfance si « paradisiaque » se passe au temps des colonies.

Lorsque Didier Raoult voit le jour le 13 mars 1952, Dakar est encore la capitale de l'Afrique-Occidentale française. La France possède le Sénégal, la Mauritanie, le Mali, la Guinée, la Côte d'Ivoire, le Niger, le Burkina Faso, le Togo, le Bénin. Soit 4 689 000 kilomètres carrés. À l'extrémité la plus occidentale de cet « empire », taillé depuis 1895 dans l'ouest du continent africain, se trouve la ville natale du futur professeur Raoult. C'est à l'hôpital central de Dakar qu'il a poussé son premier cri. Certains journaux ont expliqué que Didier Raoult était enfant unique, mais sa mère, Francine, a donné la vie six fois en neuf ans : d'abord un garçon, puis deux filles, un garçon à nouveau, une fille encore et enfin Didier, plus grand de taille que tous les autres, déjà différent. Le père, André, l'a compris tout de suite. La préceptrice qui lui apprend à lire et à écrire à domicile aussi : ce gamin a une mémoire phénoménale mais il est toujours fourré à la plage.

La tribu Raoult réside dans le quartier du « Plateau », au bout de la presqu'île du Cap-Vert et à deux pas de l'anse Bernard où la température de l'eau ne descend jamais en dessous de vingt degrés. Depuis chez eux, on peut apercevoir l'île de Gorée occupée pendant trois siècles par les négriers portugais, hollandais, anglais ou français. Le site n'a pas encore été classé au patrimoine mondial de l'Unesco, rien n'y rappelle le souvenir de la traite durant laquelle des millions d'esclaves furent déportés. À la radio, les Raoult entendent les « actualités » qui vantent la « grande œuvre de l'Hexagone ». Sur la grève de l'anse Bernard, « là où s'éparpillaient, il y a cent ans, les cabanes de pêcheurs et leurs pirogues à longues quilles, se dresse maintenant une énorme agglomération dont le modernisme n'a rien à envier aux mégapoles américaines », serine le speaker, tandis qu'« aux environs, les populations indigènes peuvent bénéficier des milliers d'habitations qui ont été aménagées pour elles ». Dakar « symbiose de deux civilisations » ! Dakar « reine des océans, carrefour du monde, station-service de l'Atlantique sud » ! Le bébé Didier Raoult fait ses premiers pas alors que claque encore l'étendard de la colonisation dite « positive ».

La maison de son enfance est blanche et ronde. Aujourd'hui, le gouvernement sénégalais y a installé un centre de routage du trafic internet, le plus grand du pays. Développement de l'économie numérique, digitalisation des administrations, déploiement de kilomètres de fibre optique… Le tout avec la coopération de la Chine. Mais vu de l'extérieur, le petit immeuble blanc dont André, le père de Didier, a conçu les plans, avec ses larges baies ouvrant sur la mer, n'a pas changé. L'appartement familial court alors sur le premier étage, le laboratoire occupe le rez-de-chaussée, avec ses fioles, ses éprouvettes, et, rangés dans des placards des vaccins et des boîtes de Nivaquine, l'antipaludique à la chloroquine qui en ces années 1950 et depuis la fin de la guerre fait des miracles. André Raoult travaille sur la « santé nutritionnelle » des autochtones tout en menant des campagnes prophylactiques contre les maladies tropicales. Sa femme, Francine, est infirmière, et leur fils n'a qu'à descendre quelques marches pour les voir s'activer et en faire à jamais ses « modèles ». Aujourd'hui encore, son père est le seul devant lequel il consent à s'incliner (« je n'ai jamais réussi à faire ce qu'il a fait »). Les larmes peuvent lui monter aux yeux quand il en dresse l'éloge. Même le président Emmanuel Macron y a eu droit : à ceux qui veulent comprendre ce qui l'anime dans son fortin de l'IHU, il déroule la saga d'André, et donc le début de la sienne.

Voici donc Didier Raoult enfant, à Dakar. Petit garçon fasciné par la légende du père. André, natif des Côtes-d'Armor, fils d'instituteurs farouchement laïcs et républicains, cousin de marins morts en mer, n'est pas seulement médecin, il est médecin militaire, formé au moule de la fameuse école des armées qui depuis la fin du XIXe siècle envoie ses diplômés dans les confins de l'Empire : Santé navale. En 1934, il a intégré les troupes de marine du 11e RAC, le régiment d'artillerie coloniale, et a servi, loin de sa Bretagne natale, notamment au Togo où il a obtenu le grade de capitaine. André sent encore le sable chaud et le baroud à la naissance de Didier, même s'il s'est déjà spécialisé dans les questions de nutrition. Le dimanche, il emmène toute la famille en balade à Popenguine, un village à soixante-dix kilomètres de Dakar où, se souvient son fils, « il étudie avec les gens comment améliorer leur façon de se nourrir ». Les gens, pas les indigènes.

Une recherche historique plus poussée montre cependant que le capitaine Raoult a d'abord travaillé, à la fin des années 1940, au sein de la « Mission anthropologique des populations indigènes, alimentation et nutrition », créée par l'administration coloniale et placée sous les ordres d'un chirurgien militaire, Léon Palès, orchestrateur d'un vaste

« programme d'étude anthropométrique ». Taille, dimension de la tête, forme du nez, de la bouche… La collecte de ces « données biométriques », auprès des « 139 ethnies » de l'AOF, a pour but d'établir des distinctions entre les « sujets non nègres, leurs congénères nigritisés et les Noirs indiscutables » tandis que des « tests d'intelligence » doivent permettre de vérifier si « la capacité intellectuelle est au prorata de l'admission de "sang blanc" ».

Le postulat de base est alors que « l'organisme des Noirs ne fonctionne pas comme le nôtre » et qu'il faut y rechercher les causes de leurs « déficiences nutritionnelles ». Une préoccupation aussi humanitaire que politique, puisque devant les toutes nouvelles Nations unies, la France, comme les autres représentants des « puissances possessionnées » (ainsi dit-on à l'époque), a fait la promesse de construire « un monde libéré de la faim ». Les membres de la « Mission anthropologique » sillonnent près de vingt mille kilomètres du Sénégal au Soudan en passant par la Guinée, s'invitent pendant une semaine au domicile de cinq cents familles, assistant au repas, pesant les aliments consommés, notant leur mode de préparation, calculant la « valeur qualitative et quantitative de la ration individuelle moyenne », procédant à des prélèvements sanguins pour en évaluer les effets…

De ces équipées, il ressort que, tout bien considéré, l'« organisme des Noirs » ne diffère pas réellement de « celui des Blancs ». Que la physiologie humaine ne change pas en fonction des latitudes. Que les besoins nutritionnels sont universels. En 1953, comme pour effacer les errements de ses débuts, la « Mission anthropologique » change de nom, devenant l'« Organisme de recherches sur l'alimentation et la nutrition africaines », l'Orana, où le capitaine Raoult est désormais le seul maître à bord. Et « exempt de tout racisme », assure son fils.

Avec une vingtaine de médecins, de chimistes, d'épidémiologistes, de biologistes, il mène à son tour des « consultations itinérantes » pour observer ce qu'il y a dans les assiettes des villageois et organise au passage des « dépistages de masse ». Localisation des foyers d'endémo-épidémies, vaccinations, traitements contre le palu, les parasitoses, les bilharzioses, les toxicoses, les choléras ou alors les tænias, les oxyures, les trichocéphales et autres vers intestinaux. De retour chez lui, André retrouve son épouse Francine. Belle comme le jour mais dure à la tâche (elle exercera son métier d'infirmière jusqu'à l'âge de quatre-vingt-cinq ans), c'est elle qui tient le laboratoire de l'Orana, régnant sur les seringues et la pharmacopée. Là, André concocte ses « supplémentations » alimentaires enrichies de vitamines qu'il distribuera au cours de ses prochaines consultations. Il analyse aussi toutes les données qu'il a récoltées lors de ses tournées villageoises pour percer le mystère de certaines pathologies.

Pendant plus de cent ans, ses prédécesseurs, dans les colonies de l'AOF ou de l'Indochine, se sont ainsi interrogés sur la « maladie des enfants rouges » qui entraîne, outre des rougeurs sur l'épiderme, de graves séquelles physiques ou neurologiques, et à terme la mort. Eh bien, André en découvre l'origine : une carence protéinique due à un sevrage trop brutal au lait maternel. Avec un expert de l'Organisation des Nations unies, Marcel Auffret, il met au point des procédés cliniques et biochimiques de détection rapide, puis un protocole de soin. « Ce traitement, indiquent quelque temps plus tard les Nations unies, a fait chuter la mortalité de 80 à 20 %. »

Aux yeux de Didier enfant, son père est un surhomme. Plus tard, il apprendra que le capitaine partage les qualités et les défauts de tous ceux qui ont été envoyés dans les colonies au sortir de Santé navale. Soit, et selon l'historiographie disponible sur le sujet : la polyvalence (le « navalais » se doit d'être un « hygiéniste » et un « urgentiste » pouvant répondre à toutes les situations, infectieuses, chirurgicales ou gynéco-obstétricales), le culte du terrain, le goût du baroud, la camaraderie virile, l'esprit de bande. Par la suite, certains de ces aventuriers, maniant aussi bien le fusil que le caducée, ont aussi été accusés d'avoir, au Tchad, au Gabon et au Congo, imprudemment expérimenté certains médicaments (notamment la Lomidine, dont les injections administrées en prévention de la maladie du sommeil ont provoqué des accidents mortels). La plupart de ces toubibs formés à Santé navale sont aussi passés par le Centre d'instruction du Service de santé des troupes coloniales, surnommé l'« école du Pharo », parce qu'installé dans le parc du même nom, à Marseille, jusqu'en 2013. Le capitaine Raoult y enseignera au retour de Dakar.

« Les médecins coloniaux, peut-on lire aujourd'hui dans les archives de cet institut, ont appris à s'organiser seuls. Parfois frondeurs, volontiers indépendants, privilégiant l'action, ils ont constitué pendant un siècle ce que d'aucuns ont appelé un bataillon d'excentriques. Pour trouver des solutions aux problèmes médicaux ou logistiques, il leur fallait prendre des initiatives loin des repères métropolitains. » Presque un portrait de Didier Raoult qui en son IHU s'inspire des « médecins de brousse » contre ceux dits « de bureau » et répond aux confrères offusqués par ses essais thérapeutiques à la chloroquine : « À la guerre comme à la guerre. » Aujourd'hui, le professeur adhère d'ailleurs à l'association « Ceux du Pharo » qui perpétue la mémoire de son père et celle de ses collègues. Il en reçoit tous les mois le bulletin mensuel illustré de photographies en noir et blanc, « autopsie d'un zèbre », « cours d'éducation sanitaire à Yaoundé », « file de villageois devant un dispensaire indochinois ». Parfois, la revue s'emplit de tribunes indignées contre les « adeptes de la repentance » qui « dénigrent le magnifique travail de nos Anciens ».

À Dakar, le capitaine n'a jamais manifesté, assure son fils, « la moindre once de colonialisme ». D'ailleurs, « sa principale collaboratrice à l'Orana est une biologiste sénégalaise ». Son père affronte aussi les « grands groupes » qui commencent à écouler, en Afrique, à coups de publicité, de campagne de lobbying, d'échantillons gratuits offerts dans les villages les plus reculés, des produits spécial nourrissons « totalement inadaptés ».

Ce combat paternel semble avoir tellement marqué Didier Raoult – alors âgé d'à peine six ou sept ans – qu'il l'évoque aujourd'hui à la troisième personne : « On discute beaucoup à cette époque avec Nestlé qui veut implanter le lait artificiel. Une catastrophe. Les gens foutent ça dans de l'eau qu'ils trouvent n'importe où. » Plus tard, dans les années 1980, l'OMS fera les mêmes mises en garde à propos de ces poudres lactées pouvant s'avérer mortelles dans des pays où l'eau potable est souvent une denrée rare. « Dans les années 50, mon père considère déjà que c'est une folie », insiste Didier Raoult comme s'il retrouvait dans les colères du capitaine contre le géant de l'agroalimentaire l'écho de ses propres diatribes au sujet de l'industrie pharmaceutique.

« Les chiens ne font pas des chats, dit-il encore. Et j'ai été élevé dans l'idée que, de temps en temps, il faut désobéir. » Car, avant de diriger le laboratoire de Dakar, son père a aussi résisté contre les Allemands tout en se mariant avec Francine, elle-même biberonnée à la bravoure. Tous deux offrent ainsi à leur benjamin, outre l'exemple de leur dévouement à l'Orana, un autre récit formidable, peuplé de têtes brûlées qui finissent toutes par décrocher médailles et honneurs.

Francine et André se rencontrent en prison durant l'année 1940. Lui, déjà médecin militaire, vient soigner les détenus de Saint-Pierre, cet établissement pénitentiaire de Marseille – devenu aujourd'hui le siège de l'Assistance publique des hôpitaux – où la Gestapo enferme alors les Juifs et les résistants. Francine va rendre visite à son père Paul-Victor Le Gendre, incarcéré pour acte de rébellion. Paul-Victor est un phénomène. « Un psychopathe même, lâche son petit-fils. Dès sa jeunesse, il fait connerie sur connerie. Mais à chaque fois, il est volontaire pour aller au front. Aujourd'hui, on ne recycle plus les psychopathes, mais en ces temps-là on les envoie à la guerre. Vous croyez que c'est quoi les héros ? Des énarques ? Les héros, ce sont des gens qui ont les hormones plus fortes que le cortex. Donc des psychopathes. »

Dès sa majorité, le grand-père maternel du professeur Raoult s'est engagé dans les spahis, ce corps à cheval qui, pour la France, se lança au milieu du XIXe à la conquête de l'Algérie. Paul-Victor a aussi « fait » le Maroc et plus tard la Syrie, toujours en tant qu'officier de cavalerie. En 1918, il a été décoré de la croix de guerre. « Puis en 1940, raconte Didier Raoult, au moment de la débâcle, quand Pétain demande à toutes les armées françaises au nord de la ligne de démarcation de se rendre aux Allemands, il refuse de se soumettre. Il s'enfuit, comme dans *Mais où est donc passée la septième compagnie ?*. Arrêté, il est jeté en prison pour avoir désobéi au Maréchal. Mais bon, il n'y reste pas longtemps. » Car Paul-Victor appartient aussi au « réseau de renseignement Mithridate », fondé dès le début de l'Occupation par la France libre et affilié à l'Intelligence Service britannique, dans lequel il fait entrer son futur gendre André, tombé amoureux de Francine depuis qu'il l'a croisée à la prison Saint-Pierre, et qui, avant de l'épouser en décembre 1942 à Marseille, devient à son tour résistant.

« En bon radical-socialiste, mon père est alors prêt à rentrer dans le rang mais ma mère, qu'il commence tout juste à draguer, lui dit : pas question. » D'ailleurs, André se rattrape vite. En 1944, développe son fils intarissable, « alors qu'il est envoyé en Dordogne, près de Périgueux, dans un hôpital de tuberculeux, et qu'il soigne des maquisards, il voit arriver un type qui lui lance : "Je monte un régiment, j'ai absolument besoin d'un docteur. Il faut que vous veniez avec moi." Le type, c'était André Malraux ! » Difficile à vérifier. Difficile aussi d'arrêter Didier Raoult quand il déploie cette épopée, car son père « s'engage dans la brigade Alsace-Lorraine », aux côtés de l'écrivain antifasciste, et se retrouve médecin dans le maquis. « Moyennant quoi, comme il a abandonné son poste à l'hôpital, il est convoqué pour désertion. Alors qu'il va à la guerre ! »

Côté Paul-Victor, l'injustice est encore plus flagrante : « À Marseille, assure Didier Raoult, mon grand-père finit par diriger les Mouvements unis de la Résistance. Mais comme la Gestapo y a infiltré un espion, il comprend qu'il va se faire choper, alors il monte à Paris. Et en dépit de son monumental anticommunisme, il rejoint l'Orchestre rouge [le réseau de renseignement soviétique, cette fois]. À la Libération, il est refoutu en prison, suspect d'avoir été un agent double. Innocenté, il revient à Marseille. Et là, il est nommé président du comité d'épuration des Bouches-du-Rhône ! » Il retrouve aussi sa femme, Lucienne, chanteuse d'opérette, qui, au moment où les nazis le recherchaient, a été déportée à Ravensbrück. « Elle a soixante ans à l'époque, elle mesure un mètre quarante-cinq, et elle s'en sort, elle survit dans le camp, elle revient, s'enflamme Didier Raoult. Moi, d'ailleurs, je n'ai jamais compris le féminisme parce que les femmes, chez moi, ce sont de tels tromblons [*sic*]. Elles sont fortes, elles travaillent. Ou alors ce sont des personnages. L'une de mes grand-tantes, actrice, était aussi une grande hystérique. Elle se suicidait tous les dimanches. Toute la famille était comme ça. »

Francine, elle, a en apparence la tête bien vissée sur les épaules. À Dakar, tout en élevant ses six enfants, elle continue à exercer auprès d'André ce métier d'infirmière appris avant-guerre, même si elle aussi aurait aimé être médecin comme son mari et surtout son grand-père Paul-Louis (le père de Paul-Victor, l'officier de cavalerie « psychopathe »). Un grand bonhomme, celui-ci encore, qui a côtoyé Pasteur et rayonné à l'Académie de médecine, après avoir écrit une kyrielle de livres. Il est également le premier à avoir décroché la Légion d'honneur parmi les ancêtres de Didier Raoult, lequel compte aujourd'hui les insignes et les rosettes (« Nous en sommes à quatre générations de décorés. Moi, mon père André, mon grand-père Paul-Victor, mon arrière-grand-père Paul-Louis. »).

Francine, elle, ce n'étaient pas les médailles qu'elle visait. Elle voulait juste être docteur. « Pas un métier pour les femmes ! » lui a-t-on répété. À l'Orana, pourtant, elle fait tourner la boutique. André, lui, trouve toujours le temps de plaisanter avec sa marmaille. Bien que militaire, il est tout sauf « jugulaire, jugulaire » à la maison. Ainsi, ceux qui voudraient imaginer Didier Raoult en gamin brimé et écrasé par un géniteur en uniforme se tromperaient. Ce n'est pas dans une blessure d'enfance que les détracteurs du professeur doivent chercher les germes de sa personnalité si particulière, du moins à entendre l'intéressé. Son père est « drôle, extrêmement créatif, pas du tout autoritaire ». À Dakar, « c'est une déconnade permanente ». À table, il sert sa progéniture « par ordre de grandeur » et celui qui a fini son assiette en premier a droit à une portion de rab. « C'est pour cela, si vous voulez mon interprétation, fait remarquer le professeur dans son *bureau du destin*, que personne ne mange aussi vite que moi au monde. »

Le capitaine Raoult est aussi partisan d'une « éducation ludique ». Pour son benjamin, qui ne va pas à l'école et ne connaît ni brimades ni punition, il se transforme tous les soirs en « conteur extraordinaire » avec des personnages de son cru, comme cette amibe prénommée « Mimi ». Avec elle, il retrace toute l'évolution des espèces, sous le regard émerveillé de son fils. Dehors, dans le jardin, l'antilope veille. Les vagues de l'anse Bernard bercent les nuits et les rêves de l'enfant roi. Ce sont les meilleures années de Didier Raoult.

2

LA FIANCÉE DE MONTHERLANT

Que cette ville est sombre ! Avec ces façades encrassées par ses vieilles industries déjà moribondes. Marseille, « Porte de l'Orient », « phare français qui balaye de sa lumière les cinq parties de la terre », disait Albert Londres. Pourtant « le retour d'Afrique, c'est l'enfer », peste le fils d'André et Francine. Il ne se remet pas de la perte de son paradis.

Son père a posé en photo avec de Gaulle, mais le Général s'est fait huer par une foule de manifestants lors de sa visite à Dakar en 1958. Et il a fallu partir, quitter cette « terre enchantée » du Sénégal. Lorsque l'ancienne colonie a gagné son indépendance et s'est choisi Léopold Sédar Senghor comme président de la République, les Raoult avaient déjà fait leurs valises. D'abord pour Maisons-Laffitte, paisible commune des Yvelines où aucun d'entre eux n'est parvenu à s'acclimater. André, passé au grade de colonel quelques mois plus tôt, se rendait à Paris tous les matins au ministère des Armées. Mais il y occupait un « poste administratif ». L'horreur. Heureusement, depuis que sa hiérarchie l'a nommé en 1960 à l'école du Pharo, il a ajouté à ses galons le titre d'agrégé. Certes il ne fait qu'enseigner, mais au moins il renoue avec ses passions. Le Centre d'instruction du Service de santé des troupes coloniales s'appelle désormais l'Institut de pathologie exotique. N'empêche, il reste toujours sous la férule des militaires et continue à étudier les « maladies des pays chauds » et leur prophylaxie. Du haut de ses jardins, avec vue imprenable sur toute la rade de Marseille, il rayonne encore sur les anciennes possessions françaises.

Chaque jour, le colonel Raoult passe devant la plaque commémorative rendant hommage aux « médecins d'assistance indigène » qui ont participé à l'éradication de la variole, aux « capitaines moustiques » qui ont lutté contre le paludisme, à tous les valeureux « navalais » qui, de Brazzaville à Saigon, sont tombés sur le front des épidémies, terrassés par le choléra, le typhus, le tétanos ou la peste, ce fléau millénaire inscrit dans l'imaginaire de Marseille depuis la grande épidémie qui en 1720 décima presque la moitié de la ville. L'amphithéâtre où le colonel Raoult donne ses cours porte le nom du médecin colonial qui a isolé le terrible bacille : Alexandre Yersin, explorateur solitaire, parti en expédition dans la jungle indochinoise avant de mettre au point en 1894 dans son rudimentaire laboratoire de Hong Kong le premier sérum antipestique…

Bref, pour André, le Pharo est le temple de l'infectiologie. Mais il a beau en chanter les louanges à son fils, celui qui au Sénégal buvait ses paroles a l'air de s'en moquer comme de son premier bulletin de notes. Car, ça y est, l'enfant roi de Dakar va enfin à l'école. Il se frotte à la discipline et aux consignes, et cela ne lui plaît pas du tout. Pas plus que le quartier de la Blancarde, si loin de la plage, où la famille vit désormais. Ce « noyau villageois », comme on dit à Marseille, surplombe le palais Longchamp, choucroute architecturale datant de Napoléon III, à quelques encablures du cimetière Saint-Pierre, la plus vaste nécropole de la région. Tout un programme. André a visé la commodité : le quartier est proche de la faculté de médecine et il pense déjà aux études de Didier. Francine surtout a voulu se rapprocher de l'appartement de ses parents, Paul-Victor, l'officier de cavalerie, enfin assagi, et Lucienne, l'ex-chanteuse d'opérette, qui tous les deux vont sur leurs quatre-vingts ans. Francine avait aussi envie d'un jardin. Quand elle ne conduit pas sa vieille guimbarde pour faire l'infirmière à domicile, elle passe son temps à lire des romans sous les arbres. Ou alors elle rêve. À quoi ? Ou à qui ?

Son dernier garçon, lui aussi lecteur précoce, s'interroge. Lorsque ses parents se sont mariés le jour de Noël, en 1942, sa mère avait déjà trente ans. Elle a bien dû avoir une vie avant. Souvent, elle raconte à son fils que, toute jeune, pendant les années 1920, elle a « fréquenté des écrivains » dans le salon de son grand-père, l'académicien de médecine Paul-Louis Le Gendre. Celui-ci, explique-t-elle encore, était au mieux avec son beau-frère, Gustave Lanson, l'un des historiens et critiques littéraires les plus influents de l'époque qui, en plus, dirigeait l'École normale supérieure. « Oh là là, Didier, j'adorais me rendre là-bas, se remémore-t-elle, sourire aux lèvres, dans son jardin de la Blancarde. Gustave m'invitait à déjeuner tous les mercredis. Et une fois par semaine, j'allais aussi écouter les cours du Collège de France. » À Marseille, pourtant, Francine ne reçoit plus ni intellectuels ni écrivains. Mais, dans une armoire, elle cache une boîte remplie de lettres. Personne ne le sait, excepté son mari. Personne non plus, sauf encore André, ne peut se douter qu'Henry de Montherlant les a écrites… et que Francine a été sa fiancée !

Les deux termes accolés – « fiancée » et « Montherlant » – ont déjà, quand on connaît les odes au célibat de l'écrivain, des allures d'oxymore. Alors imaginer cette fiancée en mère du professeur Raoult, voir surgir cette histoire au milieu des mâles assertions du microbiologiste sur le Covid… Les lettres existent pourtant, dit le patron de l'IHU, et « quand on les lit, on voit bien que Montherlant était un peu salaud ». En ce printemps 2021, dans son bureau de l'Institut, Didier Raoult en dévoile les copies qu'il a fait relier dans un livre. Le recueil est, « pour le moment », destiné aux seuls membres de sa famille. Sur la couverture, une photo de Francine, cheveux noirs et visage de madone. Et en cinquante pages, une partie de la correspondance de l'un des géants de la littérature française, encore soustraite, à ce jour, à la curiosité de ses admirateurs. Certains se battraient pour en lire ne serait-ce qu'un extrait.

C'est au début des années 1980 que Didier Raoult a découvert le passé amoureux de sa mère. Un soir, alors qu'il fait un peu de rangement chez elle, il tombe sur le courrier d'« un type qui travaille sur Montherlant et demande un renseignement ». Aussitôt, il interroge : « Maman, c'est quoi ce truc ? » Et là, elle lui « déballe tout ». Si Francine a envoyé paître le biographe indiscret – « Je suis mariée, j'ai six enfants. Arrêtez de m'ennuyer avec ça » –, elle veut bien montrer à son « petit » Didier les mots d'Henry qu'elle a mis à l'abri dans son armoire et la bague de fiançailles qu'il lui a offerte. Elle l'a précieusement gardée (« aujourd'hui, c'est l'une de mes sœurs qui l'a », dit le professeur). En voyant le bijou, son fils repense aussitôt à l'état dans lequel elle s'était mise le 21 septembre 1972. Il n'a pas oublié la date, dit-il, parce qu'il n'avait jamais vu sa mère « aussi triste de sa vie ». Montherlant venait de se suicider.

Cela n'a pas dû être facile pourtant d'être « la fiancée d'Henry ». Dans ses notes personnelles, l'écrivain parle d'une « Mademoiselle L. », L. comme Le Gendre, le nom de jeune fille de Francine. S'il lui consacre seulement quelques pages, il explique clairement comment il l'a menée en bateau en lui faisant miroiter le mariage. Voilà bientôt un siècle que les spécialistes cherchent qui a bien pu être cette malheureuse élue. Le professeur Raoult a mené l'enquête et reconstitué les pièces du puzzle, notamment grâce à « l'héritier moral » de l'écrivain qui lui a aussi remis les copies de lettres que sa mère avait écrites au premier homme de sa vie.

Cela semble à peine croyable mais, avant de devenir Mme Raoult, Francine aurait été la promise d'un dandy qui n'aimait pas les femmes (« elle ne savait pas que Montherlant était homosexuel », précise son fils). Un « contrat » a même été signé en vue des épousailles. Mieux encore, ou pire selon le point de vue selon lequel on se place, c'est elle qui semble avoir inspiré la fameuse Solange, l'un des principaux personnages de la non moins fameuse tétralogie de Montherlant, le cycle des *Jeunes Filles*, un chef-d'œuvre que Stefan Zweig tenait pour « l'un des romans les plus importants de la littérature contemporaine » et Simone de Beauvoir pour l'expression de la misogynie la plus crasse. Francine la battante, la courageuse infirmière, a été réduite, sous la plume de l'impitoyable romancier, à une ingénue charmante et docile. Voilà pourquoi, explique le professeur, elle ne s'est jamais vantée d'avoir été sa muse alors que tant d'amoureuses en pâmoison en ont revendiqué le titre : Solange, c'est moi ! Non, Solange « c'était ma mère », affirme Didier Raoult.

Tout commence, dit-il, en mai 1934 alors que, déjà initiée à la littérature par son grand-oncle critique Gustave Lanson, Francine se rend dans le grand amphithéâtre de la Sorbonne où trône M. de Montherlant, à l'occasion d'une conférence donnée en son honneur. Elle va sur ses vingt-deux ans. Il en a dix-sept de plus mais il la ferre vite. Il n'est pas encore l'auteur de *La Reine morte* mais déjà le Tout-Paris encense les livres et les pièces de théâtre de ce « maître du style ». Lui fait mine de s'en moquer et affiche un souverain mépris pour les salons et les coteries. Il n'aime rien tant que brouiller les pistes et exhiber son goût du paradoxe. Patriote mais plaignant les « indigènes », de droite mais fustigeant l'hypocrisie bourgeoise, dragueur compulsif mais vouant aux gémonies la féminité qui « gangrène » la santé de la nation, il pratique la tauromachie, l'athlétisme, le football. Dans les stades, il prétend retrouver la fraternité des tranchées de la Première Guerre pour laquelle il s'était porté volontaire. Résultat, il prône autant les valeurs « viriles » que le respect de l'adversaire, en l'occurrence allemand, au nom d'une amitié « chevaleresque » entre vainqueurs et vaincus.

C'est le Montherlant côté face, celui qui séduit la jeune Francine Le Gendre, fille de Paul-Victor, spahi décoré de la croix de guerre, et petite-fille de Paul-Louis, sommité médicale. Côté pile, le même assouvit ses pulsions pédophiles (« pédérastiques », aurait-on dit à l'époque si cela s'était su) sur les garçons d'Afrique du Nord où il séjourne régulièrement depuis 1925 quand il ne s'en va pas les « chasser », à Paris, sur les Grands Boulevards, dans les salles de baby-foot et les kermesses en compagnie de l'écrivain Roger Peyrefitte. Ce dernier le révélera en 1983, soit près de dix ans après la mort de Montherlant, qui se tire une balle dans la bouche et dont les cendres seront dispersées par un certain Gabriel Matzneff.

En attendant, et tout au long de son existence, il avance masqué, jouant aux yeux de ses contemporains et, si l'on comprend bien, de Francine les don Juan et les célibataires endurcis. *Les Jeunes Filles*, premier tome de sa tétralogie donne, en version romancée, un aperçu de sa liaison avec la future Mme Raoult. Il y campe un écrivain, Pierre Costals, caricaturalement égocentrique (Montherlant ne ménage pas son double), conspuant avec une férocité jubilatoire le mariage tandis que le poursuivent une cohorte de demoiselles énamourées et persuadées, à tort, qu'elles parviendront à le faire rentrer dans le rang. Solange Dandillot est l'une d'elles : petite-bourgeoise ravissante et obéissante, à « l'éducation intellectuelle nulle », au « cerveau égal à celui d'une puce de mer » et n'ayant en outre jamais ni éprouvé la moindre souffrance morale ni versé une larme. « La planche à pain idéale », s'exclame Costals qui tombe sous le charme puisque précisément ce qui le « ravit en elle, c'est qu'elle ne s'intéresse à rien ». Elle, plus forte et maligne qu'elle n'en a l'air, manœuvre pour l'épouser. Il dit oui, puis non, puis oui encore, lui demande de le rejoindre à Gênes pour une lune de miel anticipée avant de s'exiler au Maroc pour la fuir, puis lui revenir… Il n'y peut rien s'il aime les « Jeunes filles » (titre du premier tome) ni s'il a « Pitié pour les femmes » (titre du deuxième). Le « Démon du bien » (titre du troisième) le pousse. L'intérêt aussi : connaître le mariage de l'intérieur ajouterait à son œuvre. À Solange, d'ailleurs, il promet qu'il parlera d'elle dans son prochain livre. Sur ce point, au moins, Costals, ou plus exactement Montherlant, ne ment pas.

Il se met à écrire sa tétralogie en mai 1934, soit, si l'on suit le professeur, dès que Francine Le Gendre entre dans sa vie. En août de la même année, il invite la jeune fille à le rejoindre à Alger. « Mademoiselle L. », comme il dit, n'hésite pas à faire le voyage. À l'automne, les voilà de retour à Paris, Montherlant annonçant alors qu'il est prêt à convoler. Ses futurs beaux-parents accueillent la nouvelle avec joie. Surtout le père, Paul-Victor, qui a fait la guerre de 14-18. Cet Henry, même un peu sulfureux, est un frère d'armes, que diable ! Affaire conclue.

« Les notaires des deux familles s'abouchent », rapporte élégamment l'écrivain dans ses notes autobiographiques. Le 15 octobre, le contrat de fiançailles est prêt, sur le point d'être signé. Quelques semaines plus tard, le 4 novembre, le bon monsieur de Montherlant rompt, on s'en serait douté, ses engagements. S'est-il assez diverti avec l'idée du mariage ? Apparemment non, puisque, au début de l'année 1935, il renoue avec Francine, tout en réfléchissant au meilleur moyen de la quitter à nouveau. Lui expliquer qu'il est homosexuel ? Il tient trop à sa réputation.

Quelles « raisons fictives », se demande-t-il, pourrait-il

inventer ? Allons pour la syphilis. Mais « Mademoiselle L., petite-fille d'un médecin connu, n'y voit aucune entrave ni pour le mariage ni pour la liaison », se désole-t-il. Francine se fiche de la vérole. Ses parents non, qui finissent par mettre le holà. « C'est ma grand-mère, Lucienne la chanteuse, qui s'est fâchée et qui a foutu Montherlant dehors », précise le professeur Raoult. Dans ses notes toujours aussi succinctes, le romancier indique pour sa part avec la froideur d'un chirurgien en salle d'opération : « l'épisode [de la syphilis], sensiblement arrangé, deviendra celui de la lèpre dans le quatrième volume » de la tétralogie, intitulé *Les Lépreuses*.

Oui, un « peu salaud », l'écrivain. Il tenait à ce que sa correspondance avec son éphémère fiancée (décédée en 2009) soit un jour publiée, assure le patron de l'IHU à l'unisson de certains spécialistes mais contredisant d'autres exégètes : « C'est son héritier moral qui me l'a dit, affirme-t-il. Il m'a appris par la même occasion que ma mère avait gardé de bons rapports avec Montherlant. Ils s'écrivaient une ou deux fois par an. J'ai toutes les lettres maintenant, y compris celle qu'elle lui a envoyée pour son anniversaire avant son suicide. » Didier Raoult ne voit aucun inconvénient à ce qu'elles soient rendues publiques mais ses frères et sœurs s'y sont longtemps opposés. « Ils trouvaient que Montherlant n'avait pas été gentil. Et que tout ça n'était pas joli. Mais cela appartient à l'Histoire. » Et si de cette histoire Francine, sa mère, a été l'héroïne, par ricochet lui aussi en fait partie !

En 1936, à la parution du premier tome des *Jeunes Filles*, le succès n'a-t-il pas été aussi phénoménal que la polémique qui s'est ensuivie ? Ce livre « ignoble » (vendu à plus de

2,2 millions d'exemplaires) est une « insulte à Dieu et à la famille », s'horrifie alors la presse catholique. Non, voilà au contraire une œuvre salutaire et une implacable dissection des rapports entre les sexes, s'enthousiasme le futur Prix Nobel de littérature Roger Martin du Gard : « Jamais on n'a serré de si près l'incompatibilité essentielle du couple humain ! » Et si l'écrivaine Isabelle Rivière, sœur d'Alain-Fournier, l'auteur adulé du *Grand Meaulnes*, trouve cette dissection odieuse et s'en offusque auprès de Montherlant lui-même – « Vous êtes un pauvre petit goujat. Vos crachats retomberont sur vous » – dans *Les Nouvelles Littéraires*, plusieurs femmes, journalistes ou romancières, viennent au secours de l'accusé : Montherlant décrit si bien les prisons mentales – sentimentalisme, dolorisme, moralisme – dans lesquelles la société enferme le sexe « faible ».

Tout le monde, surtout, cherche quelles vraies demoiselles ont fait naître celles du roman. Une docteure en philosophie et une poétesse lèveront le doigt pour se disputer le rôle d'Andrée, le personnage qui nourrit un amour platonique et désespéré pour Costals. Mais qui est Solange Dandillot, la seule fiancée de la saga ? Francine, souligne son fils, ne répondra jamais à l'appel.

La suite du feuilleton n'est de toute façon pas à l'avantage de l'ex. Lorsque six ans après son chagrin d'amour, en 1942, Mlle Le Gendre se marie avec le résistant André Raoult, le grand écrivain, lui, se laisse fasciner par « l'esthétisme » des troupes de la Wehrmacht et se garde de choisir son camp. À la Libération, la commission d'épuration de la Société des gens de lettres l'innocentera de tout fait de collaboration mais le condamnera à une peine de

« non-publication » pour une durée de six mois. Puis l'eau coulera sous les ponts.

Dans les années 1960, quand la famille Raoult débarque en France, les pièces de Montherlant se jouent dans tous les théâtres. *La Reine morte*, *La Ville dont le prince est un enfant*, *Celles qu'on prend dans ses bras*. Toutes sublimes, et pour la plupart inscrites au programme de l'agrégation ou figurant dans les abrégés de littérature distribués au lycée. Didier Raoult ignore encore le « péché de jeunesse » de sa mère, mais il le connaîtrait qu'il en serait flatté et conforté dans ses tourments. Car qu'ils soient du bien ou du mal, les démons le tenaillent déjà.

3

LA DISPARITION

C'est une sorte de vide au milieu de son curriculum vitae. Ou plutôt une ellipse, mais tellement mise en évidence dans la légende de Didier Raoult qu'on ne peut que se demander ce qui s'y cache. Cette part d'existence escamotée, qui s'étend de 1970 à 1972, débute au moment où le fils du colonel s'enfuit de son lycée et s'achève lorsque, obéissant à son père, il accepte d'embrasser la carrière médicale.

Deux années, ce n'est pas rien dans une vie. La biographie « officielle » du professeur, mise à l'honneur sur le site de l'IHU, ou les portraits qui lui ont été consacrés depuis que la chloroquine en a fait une célébrité mondiale voient dans cet épisode de vingt-quatre mois une preuve de l'originalité raoultienne. Mais le traitant avec tant de circonvolutions et d'imprécisions que le mystère n'est jamais levé : « Il va voguer sur les mers. » Lesquelles ? Ce détail n'est pas renseigné, pourtant la silhouette du corsaire se dessine. « Rétif à l'autorité », fuyant « l'éducation à la baguette de son militaire de père », refusant de se laisser « façonner au moule des mythologies familiales » ou au contraire – cela dépend des versions – « renouant avec ses ancêtres marins » et bretons (ceux de la branche paternelle), « plus nombreux que les médecins », le jeune homme, tantôt « âgé de dix-sept ans », tantôt de dix-huit, « bourlingue ». Sur quel genre d'embarcation ? Le plus souvent, il est fait allusion à un « navire de la marine marchande ». Le grand public vient alors de découvrir l'atypique scientifique, avec sa coiffure de pirate et sa bague à tête de mort. Avec un tel look, il est tentant de se le représenter sur un vieux cargo rouillé ou sur l'un de ces pétroliers démesurés qui, dans les années 1970, commencent à affluer dans la zone industrialo-portuaire de Marseille. En 2010, pourtant, Didier Raoult, qui n'est pas encore sous le feu des projecteurs, glisse au détour d'un entretien paru dans *Le Monde* le nom du bateau sur lequel il avait embarqué : *Le Renaissance*.

Il a suffi de suivre cette piste pour remonter jusqu'aux Croisières Paquet et à un élégant paquebot à la proue effilée. « Confort, ambiance, intimité », vantent à l'époque, aguichant la « clientèle de luxe », les publicités. « Visitez depuis Marseille tous les ports de la Méditerranée : Naples, Héraklion, Délos, Athènes, Haïfa… » *Le Renaissance* n'était ni un tanker ni un navire de commerce puant le mazout.

« À bord, j'étais deckman », confirme aujourd'hui le patron de l'IHU. Mais encore ? « Homme à tout faire quoi, *factotum*. » Pendant combien de temps ? « Je ne sais pas, six mois peut-être. Pas plus en tout cas. » Le mythe des deux ans en prend un coup. « Mais une fois, dit Raoult, on a même été jusqu'à Leningrad. C'était encore l'URSS. Et à l'escale les Soviétiques ont traité les croisiéristes comme des cochons alors qu'à nous, les travailleurs, ils ont déroulé le tapis rouge. »

La « disparition » en mer du professeur est l'aboutissement d'un long processus et la conséquence d'une sévère phobie scolaire. Didier Raoult n'a jamais dissimulé cette allergie, cela ajoute à son côté transgressif, mais son inadaptation aux règles de l'Éducation nationale dépasse tout ce qu'il a documenté, jusqu'ici, sur le sujet. À Marseille, il débute pourtant sa primaire sous de sympathiques auspices non pas dans une austère institution privée (son père, fidèle à son propre père Tanguy, l'instit de « la laïque », ne supporte pas les boîtes à curés), mais à l'école des Chartreux qui fut aussi, soixante ans plus tôt, celle de Marcel Pagnol.

L'élève Raoult est d'abord assez solitaire. Il lit seul dans son coin. Puis, il se met dans le bain en s'entraînant le soir dans sa chambre à se « cogner la tête contre le mur » pour mieux rendre les coups de boule au malabar qui terrifie toute la récré. « Mon apprentissage marseillais », dit-il. L'école l'ennuie déjà, pourtant. Il se sent à part. Heureusement, avant d'entrer au collège, il se lie vite d'amitié avec deux joyeux drilles, Roger Bentata, devenu homéopathe au Québec, et Dominique Tichadou, dit « Titi », futur médecin généraliste aujourd'hui décédé. Avec eux, il sort de sa coquille. Le mercredi après-midi, au parc Longchamp, le trio, qui a créé un petit orchestre, chante les Beatles, Adamo ou Alain Barrière avant de rejoindre la maison de la Blancarde où règne un chaleureux désordre.

« Mamy Chat » – c'est le surnom que tous ont donné à Francine qui collectionne les félins – leur offre le couvert et souvent le gîte. « César » – le sobriquet dont ils ont affublé

André : « il a la réputation d'être un homme important » se souvient Bentata – ne fait que de brèves apparitions. Après avoir enseigné à l'école du Pharo, le colonel est parti travailler, en 1963, pour le gouvernement algérien. Francine n'a pas voulu le suivre, peut-être de peur de voir flotter dans cet autre côté de la Méditerranée l'ombre de Montherlant. En tout cas, c'est elle qui, en mère courage, élève les enfants.

Mais Didier pardonne tout à « César » : « L'Algérie indépendante doit régler la question de la nutrition. Et mon père fait un truc extraordinaire là-bas. Il fonde une école de diététiciens. Comme à Popenguine, au Sénégal, il teste sur les gamins les repas de la cantine scolaire. Il gère un million de repas par jour. C'est génial : au moment où vous êtes en pleine forme physique, où vous avez une maîtrise à la fois de la médecine, de la biochimie et du terrain [depuis son *bureau du destin*, Didier Raoult, on l'a compris, parle aussi de lui], vous avez carte blanche pour trouver la solution. » André, en plus, traite le problème à la racine. Il conseille aux mères d'allaiter leurs nourrissons puis de leur donner, pour éviter les carences protéiniques, la « poudre de substitution » qu'il a mise au point à base de produits locaux – blé dur, pois chiches, lentilles –, le tout agrémenté de lait écrémé, de saccharose et de vitamines. « Il prend, résume son fils, les gosses de la naissance jusqu'à la sortie de l'école et couvre leurs besoins alimentaires en parfaite autonomie. »

La potion du professeur André Raoult, baptisée la Supéramine, connaît un tel succès (« une dose de poudre coûte quarante centimes et c'est plus nutritif que tout ce que vous avez alors sur le marché », précise le patron de l'IHU, toujours en mode subliminal) qu'on la consomme au Maroc, au

Togo, au Niger ou au Tchad. Bientôt, sa fabrication atteint le stade industriel dans les minoteries de Blida et Sétif : « En 1964, quand je vais en vacances chez mon père, il est en train de surveiller la construction de ses usines. Vraiment, c'est extraordinaire. »

Comment être à la hauteur de « César » ? À Marseille, lorsque le fils de Monsieur Supéramine retourne au collège, il fait des cocottes en papier au fond de la classe ou dort près du radiateur. Il dit que son « excellente mémoire » lui joue des tours. Qu'il n'a « pas besoin de travailler pour apprendre ». Qu'il se moque de redoubler sa cinquième. Rien ne l'intéresse sauf la bagarre avec « ceux du Panier ou d'Endoume, les quartiers chauds de l'époque » (dixit Bentata, l'homéopathe québécois). Didier est parmi les premiers à foncer dans le tas, comme s'il avait enfin trouvé sa voie. Avec Roger et Titi, il ne craint plus personne, même sans Harley-Davidson. En classe de troisième, pourtant, mille pensées le traversent. Qu'est-ce qu'il fait là ? Pourquoi « perdre autant de temps » ? Il en conclut qu'il se « fout de tout, éperdument ».

C'est là que survient l'un des épisodes dont Didier Raoult n'a jamais parlé jusqu'ici : la mesure de son monumental quotient intellectuel par un pédopsychiatre. Cette immodeste révélation se double d'une autre confidence de sa part, touchante celle-là, et ramenant ses tourments de jeunesse à ceux de milliers d'adolescents : « À quatorze ans, comme je me sens de plus en plus mal à l'école, je simule une TS. » Une tentative de suicide ? « Un simulacre ridicule. J'avale trois cachets et je téléphone à un copain. Ridicule mais ça interpelle comme on dirait aujourd'hui, il faut y faire attention, c'est un signal fort. » Peut-être est-ce lié au départ de César et à ses « extraordinaires » activités en Algerie ? Il doit en tout cas élucider pourquoi il a mis sa mort en scène. C'est ainsi que, lors d'un séjour éclair à Marseille, le colonel Raoult entend son fils lui dire : « Écoute, je ne comprends rien à ce que je fais, je ne comprends pas les gens. Je veux que tu m'expliques si je suis cinglé ou décalé. » Aussitôt, tous deux s'en vont donc voir le pédopsychiatre qui délivre à André le stupéfiant diagnostic : « Didier a 180 de QI. Laissez-le faire, et tout ira bien. » Le genre de phrase qui détermine une vie. Surtout quand le père surenchérit : pas besoin de test de QI, pour savoir que son petit dernier est un surdoué. Il l'a toujours pensé : « Il ne faut pas entraver Didier. Et pour l'école, ça viendra quand il voudra. »

Ainsi son rejeton redouble-t-il à nouveau, malgré ses « notes exceptionnelles en français ». Et « en maths », car dès qu'il s'agit de « logique pure », son QI part au quart de tour. En revanche, le bachotage « l'emmerde ». Et ses bulletins de notes sont « effrayants ». Même André finit par penser qu'un petit changement d'air lui ferait du bien. Il l'expédie au « lycée climatique d'altitude » de Briançon, ville de garnison et de sanatoriums. La vie en pensionnat avec des camarades de classe asthmatiques, voilà ce qu'il faut pour remédier à son agitation.

C'est sans compter Mai 1968 dont les soubresauts ébranlent même les Hautes-Alpes. Le fils du colonel, élu délégué mais se revendiquant désormais « anarchiste », se transforme en surexcité. Il enflamme tout l'établissement de ses discours brûlants et se saoule de mots, un enragé. Le conseil de discipline le menace d'expulsion tandis qu'André, toujours aussi magnanime, écrit au proviseur « une lettre magnifique » pour défendre l'insoumis. Peine perdue : le mutin a pris les devants et déjà fugué pendant que sa mère, qui elle non plus ne l'a « jamais engueulé », lui dégote, en 1969, un nouveau point de chute à Nice, au lycée du Parc-Impérial, un splendide et ancien hôtel bordé de palmiers. Didier a un peu oublié la révolution, il fait juste « le con », comme tous ceux de son âge et sans doute un peu plus puisque, le climat émollient de la Côte d'Azur ne lui réussissant pas plus que celui de la montagne, il se fait virer au bout de quelques mois.

Le voilà de retour à Marseille, inscrit au lycée Saint-Charles près de la gare du même nom où il retrouve son copain Roger Bentata qui le voit débouler avec « des bracelets aux poignets, une longue chaîne autour du cou, des chemises à jabot, parfois des manteaux de fourrure. Et des cheveux longs jusqu'aux fesses ». Cela n'empêche pas Didier, dit Roger, d'être « une grosse tête ». Qu'il « parle de politique ou de sciences, tout le monde l'écoute. Grande gueule, provocateur, contre l'autorité et les règlements, il dégage une force vitale ahurissante ». En clair, sa popularité auprès des filles et des garçons est à son sommet, suivant un trajet inversement proportionnel à ses résultats scolaires. Et lorsque, pour ses booms de fin de semaine, Roger monte un « dancing sans alcool », Le Madrigal, dans un local de la rue Dragon, c'est « Didier qui fait le DJ ». Quand il danse, ça dépote. Avec son mètre quatre-vingt-dix, sa longue crinière et ses chaînes, « il prend toute la place ». Pareil pour la baston. Enveloppé de ses improbables fourrures, il affronte les « blousons noirs » qui veulent entrer au Madrigal. Un jour, une bataille rangée « à trois contre quarante » manque de tourner à l'émeute. La police finit par fermer le club. Didier, Roger et Titi, toujours dans les parages même si entre-temps il est devenu communiste, se lancent alors dans les « bals itinérants » et appellent leur trio « Les Zinzins ». Évidemment, ils ne mettent plus un pied en classe. Le plus chevelu claque définitivement la porte du lycée en février 1970, non sans avoir pris soin, la révolte a des limites, de s'inscrire en candidat libre au baccalauréat littéraire qu'il décroche au printemps de la même année. L'ex-DJ en pince désormais pour la poésie – il trousse lui-même quelques vers – et, peut-être inconsciemment influencé par Montherlant, commence à écrire des romans. Écrivain, il en est sûr, là est sa vocation.

André se montre toujours aussi compréhensif mais en réalité il n'a qu'une idée en tête : que son Didier, après avoir jeté sa gourme, finisse par faire médecine comme lui. Hélas, en plus de se piquer de littérature, et maintenant qu'il peut rentrer à l'université, il n'a rien trouvé de mieux que de vouloir apprendre le chinois à la faculté d'Aix-en-Provence. Heureusement, cette tocade lui passe vite. La calligraphie le fait « chier ». Au bout d'un mois, plus personne ne revoit l'excentrique. De passage à Marseille, André en profite pour revenir à la charge et vanter la noblesse du caducée.

« Médecine, jamais ! » lui répond son fils. Ce qu'il veut maintenant, c'est prendre la mer. Partir loin, et si possible sous les tropiques, à Papeete. Dans le sillage de ses frères – l'un marin, l'autre arbitre international de voile – et de deux de ses sœurs, certes dentiste et ophtalmo, mais qui n'ont jamais pu, après Dakar, supporter la « métropole » et sont allées elles aussi vivre à Tahiti. La mer ? Le colonel se dit qu'il n'aurait pas dû laisser autant flotter la bride sur le cou du surdoué. Il tente une nouvelle manœuvre en le faisant venir à Alger pour trois mois, rien que tous les deux, avec à la clé une petite remise à niveau en maths et en biologie. Il ne lui demande pas d'être nutritionniste comme lui. Il y a tant de spécialités en médecine. Avec ses capacités, il pourrait faire ce qu'il veut. Chirurgien, cardiologue, obstétricien, psychiatre, neurologue… Mais son fils n'en démord pas. À un militaire camarade d'André qui essaie de le faire changer d'avis, en titillant son orgueil et en mettant en doute ses aptitudes, le jeune Didier rétorque : « Je dois avoir 30 points de QI de plus que vous, alors taisez-vous ! » Puis il claque les talons. Adieu César. Il s'en va.

À Marseille, son copain Bentata l'attend. Il est de la partie lui aussi. Ils ont fomenté leur coup ensemble. D'abord se procurer le passeport indispensable pour travailler sur un bateau. Puis trouver le navire. Ça tombe bien, on embauche sur *Le Renaissance* et *L'Ancerville*, paquebots de la même compagnie. Didier monte sur le premier, Roger sur le second. Les Croisières Paquet, ce n'est ni *Moby Dick* ni *Les Révoltés du Bounty* et encore moins *Le Cuirassé Potemkine*, mais ils feront avec.

Parfois, ils se croisent aux escales. Didier raconte alors à Roger que l'une de ses activités consiste à lancer les plateaux d'argile sur lesquels les croisiéristes s'amusent à tirer à la carabine. Autrement dit, il anime le « stand tir aux pigeons ».

4

CRIN-CRIN D'UN MIRE

« CÉSAR : Il n'avait pas le droit de partir sans me le dire.

ESCARTEFIGUE : Ça, c'est vrai. Ce qu'il a fait là, ce n'est guère poli.

PANISSE : Mais s'il te l'avait dit, qu'est-ce que tu aurais fait ?

CÉSAR : Je lui aurais expliqué qu'il n'avait pas le droit.

PANISSE : Et même, au besoin, tu le lui aurais expliqué à grands coups de pied au cul ?

CÉSAR : Naturellement. Je te garantis bien qu'en moins d'un quart d'heure je lui aurais fait passer le goût de la marine ! »

Marcel Pagnol, *Fanny*, acte I, scène 9

André Raoult est plus libéral que le César de Pagnol. Mais à son Marius de fils, lui aussi pourrait dire : « C'est ça ! Insulte la clientèle au lieu de te perfectionner dans ton métier ! » Il préfère savourer sa victoire. Car évidemment, « Didier est revenu ». Il accepte d'entrer dans la carrière. Médecin comme papa. Ce que le patron de l'IHU préfère traduire aujourd'hui par : « J'ai fini par rejoindre mon destin. » Le beatnik en a surtout eu assez de faire le G.O. pour les croisiéristes du *Renaissance*, puis de jouer les utilités sur un trois-mâts à Monaco, de travailler ensuite comme garçon de café – tout ça pour terminer vendeur de livres de cuisine et souvent dormir dans une voiture faute d'argent pour se payer un vrai lit. Pendant ce temps, Francine opérait en douce pour ne pas braquer l'enfant roi. Roger Bentata dit ne pas avoir oublié comment « Mamy Chat » l'a « convoqué en secret » pour lui demander de s'éloigner de Didier ni comment « César », après avoir coupé les vivres à son insoumis de fils lors de ses frasques maritimes, lui a offert une Dyane 2 chevaux et un studio pour « l'encourager » à se mettre au travail.

Les études de médecine sont les seules qu'André Raoult accepte de financer. Et apparemment sans chipoter sur la dépense. En conséquence, le loup de mer prend, en 1972, la direction de la faculté de médecine, à deux pas – clin d'œil de la géographie – de l'ancien asile d'aliénés, dit aussi l'« hôpital des insensés ». C'est peu dire qu'il n'a pas la vocation. D'accord, en bon fils de son père, et même à reculons, il deviendra docteur. Mais en quoi ? Rien ne presse. Interminables sont les études de médecine. Six ans ! Cela lui laisse le temps de se couper les cheveux, de remiser ses bracelets et ses chaînes, de mettre entre parenthèses ses désirs d'écriture et même de se marier, en 1976, avec une étudiante en chirurgie dentaire. Pour le reste, il musarde. Il ne se fixe sur aucune spécialité, pas plus sur celle de son père, la nutrition, que sur une autre, mais son professeur de gastro-entérologie, Henri Sarles, médecin et inventeur de traitements pour les pancréatites chroniques, lui plaît. Alors, l'année 1977, l'aventurier contrarié se met à travailler d'arrache-pied en vue du très sélectif concours de l'internat.

Évidemment, il s'y est mis un peu tard. Il vient en plus d'avoir une petite fille. Pourtant, le dilettante passe la barre. En 1978, à l'âge de vingt-six ans, le voilà interne et donc futur membre de l'élite hospitalo-universitaire. La même année, André pousse son dernier soupir sans avoir atteint sa soixante-dixième année, ni eu le temps d'assister au sacre de son fils. Didier Raoult racontera par la suite avoir été tellement « épuisé physiquement et mentalement » par son concours qu'il devra « être hospitalisé en urgence pour une infection gravissime » qui « l'a consumé de l'intérieur ». Le meurtre symbolique du père ne va pas sans culpabilité, asséneraient les psys.

« L'estime de sa généalogie rend complexe l'estime de soi » laisse parfois échapper le patron de l'IHU. À propos des « fils de », il peut également lâcher : « Ce n'est compliqué que pour les ratés. » Quelle est la voix qui cingle et qui juge à travers ces mots affreux ? C'est peut-être cela sa véritable hantise : être un raté. Pis, un raté avec un QI de 180.

Ainsi rien n'agace plus le patron de l'IHU que l'idée selon laquelle il se serait rabattu sur l'infectiologie faute de mieux, son classement au concours de l'internat ne lui permettant pas d'obtenir une spécialité alors plus courue. L'obstétrique par exemple, pour laquelle il avait postulé. Quand il évoque le sujet, il transforme sa déconvenue en la tirant vers le haut, le très haut même : « "Comment un type aussi brillant que vous a-t-il pu se retrouver dans un truc aussi has been que les maladies infectieuses ?" Voilà ce que me dit l'un de mes professeurs à l'époque. » Ou alors, sa très riche hérédité offrant plusieurs modèles de héros, il en appelle à son arrière-grand-père Paul-Louis Le Gendre.

À l'entendre, il n'a fait que creuser le sillon de l'académicien qui fut aussi, en son siècle, le combattant d'une infection majeure : la tuberculose. Il a marché sur ses traces, il a poursuivi son œuvre, etc. Ce qu'il y a de bien avec Didier Raoult, c'est qu'il a toujours un ancêtre auquel se raccrocher. Pierre Bourdieu appelait cette manie l'« illusion biographique ».

À la décharge du patron de l'IHU, Paul-Louis n'est pas sans lui ressembler. On peut voir sa photo dans un article de *La Semaine du clinicien* qui lui rend hommage après sa mort, en 1936. Front large et haut, visage oblong, nez busqué, barbe poivre et sel. Le portrait de Didier Raoult, capillarité en moins, puisque l'académicien est à moitié chauve. Tout aussi étonnantes sont les similitudes de leurs parcours.

Paul-Louis, né le 30 janvier 1854 à Paris, est comme Didier titulaire d'un baccalauréat littéraire. Le goût des mots lui vient du père de son père, Pierre Nicolas Chrisôstome, membre de la première Assemblée législative sous la Révolution (pour la petite histoire, le député macroniste Gilles Le Gendre est l'un de ses descendants et donc un lointain cousin de Didier Raoult). Paul-Louis aurait lui aussi aimé être écrivain et a fait médecine sans le vouloir, après avoir donné des soins aux blessés de la guerre de 1870, puis, dix mois plus tard, à ceux de la Commune. En outre, ses études sont à peine moins chaotiques que celles de Didier Raoult. Il rate même, comme il le raconte dans son autobiographie (car il a fini par écrire, et pas qu'un peu), son premier concours de l'internat. C'est en 1885 qu'il finit par devenir médecin des hôpitaux. Il exerce à la Salpêtrière, à Tenon ou à Lariboisière, est nommé chef de service à l'hôpital d'Aubervilliers (aujourd'hui Claude-Bernard), dit des « contagieux », où il se frotte à la variole, la rougeole, la scarlatine ou la diphtérie.

Paul-Louis a aussi le sang chaud (un jour, il a provoqué en duel l'un de ses anciens patrons) et, cent ans avant son arrière-petit-fils, il n'en loupe pas une pour se moquer des « vénérables » de la faculté complètement « sénilisés » ou de leurs enseignements « soporifiques » et déconnectés de tous travaux pratiques, surtout en cours d'anatomie où l'on se dispute les cadavres à disséquer. « Je me souviens, écrit-il, de n'avoir "touché" qu'un bras en un trimestre, si j'ose m'exprimer en ce style de carabin anthropophage. » Pendant ce temps, les préposés aux macchabées « font bouillir la graisse des morts dans une grande marmite pour la revendre aux parfumeurs ». Et l'apprentissage de la médecine souffre de « graves lacunes » alors que son plus cher désir aurait été de faire de la recherche, en « biologie », domaine dans lequel s'illustrera son descendant marseillais. En revanche, sur le plan éditorial, Paul-Louis bat largement Didier – qui pourtant n'est pas en reste.

Un véritable graphomane. Outre les nombreuses revues professionnelles ou de vulgarisation scientifique (*L'Union médicale*, *La Gazette hebdomadaire*, *Le Journal des praticiens*) auxquelles il participe, il peut se targuer d'être l'auteur de – liste non exhaustive : « Contribution au diagnostic du chancre syphilitique de l'amygdale », « Hygiène de l'enfance. Choix des nourrices et leurs maladies au point de vue du lait », « Travaux récents sur la nature et le traitement de la chorée », « Sémiologie générale du tube digestif »,

« Troubles de la nutrition », « Dyspepsie chez les collégiens », « Influence de l'état physique de l'écolier sur son état intellectuel et sur son travail »... À toutes ces publications savantes viennent s'ajouter une série d'ouvrages historiques ou philosophiques (*Goethe et les sciences médicales*, *L'École de Vienne*, *Essais sur les officiers de santé aux armées de la nation et de l'Empire*, *Le Médecin dans la société contemporaine. Conférences de déontologie*) mais aussi des poèmes (*Rimes d'arrière-saison*) et, *last but not least*, cette autobiographie qu'il rédige d'une plume alerte en 1930 : *Du Quartier Latin à l'Académie (Réminiscences). Suivies du « Crin-crin d'un mire »*. Crin-crin, parce que Paul-Louis, qui est aussi membre de la société « La Trompette », est lucide sur ses talents de musicien. Et « mire » parce qu'au Moyen Âge on désignait ainsi les médecins qui « miraient » les urines pour asseoir leur diagnostic.

Paul-Louis ne manque ni d'humour ni de courage. À l'été 1914, bien que déjà sexagénaire, il repart au chevet des blessés qui, après la bataille de la Marne, affluent dans la Sarthe. Et quand il revient à Paris, c'est pour diriger un dispensaire, rue de la Glacière, où l'on soigne les officiers revenus du front. L'épidémie qui fait alors des ravages est la tuberculose. En « triant » les cas suspects, Paul-Louis contracte lui-même la maladie. Mais avant de mourir, il a le temps de participer à la création de plusieurs sanatoriums...

Ainsi, dans le grand livre d'images de la médecine française, Paul-Louis Le Gendre fait figure de saint, laïc et républicain. Il a la passion du soin. C'est le seul héritage dont l'étudiant Raoult ne sait pas trop quoi faire. Pendant son internat, alors qu'il effectue son service militaire à l'hôpital

Mamao de Papeete, cet archipel polynésien où vivent ses frères et sœurs, il enchaîne « dès six heures du matin » « fibro et rectoscopies ». « Tu te vois mettre des tuyaux dans les trous toute ta vie ? C'est dégueulasse », lui dit un jeune confrère. Effectivement, il ne s'y voit pas. Pas plus que de se consacrer à la visite des malades matin et soir comme il le fait, depuis son retour à la vie civile, à l'hôpital Houphouët-Boigny qui, comme son nom ne l'indique pas, est situé à Marseille. En revanche, cet établissement a bien été inauguré par le président ivoirien en personne sur le site de l'ancien « Hôpital anglais », destiné aux marins de tous pays et créé au siècle précédent par une œuvre de charité britannique. Tout cela est bel et bon mais en ce début des années 1980, pour les internes ambitieux, « Houphouët » a des allures de voie de garage. Spécialisation : « maladies infectieuses et tropicales », soit, persiflent ceux qui ont décroché un poste en neurologie ou en chirurgie cardio-thoracique (des *must*, à Marseille), une matière « déclassée » pour les « glandeurs » en mal d'exotisme ou les nostalgiques de *Tintin au Congo*. Les anciens, eux, dissertent sur la fin de l'empire colonial qui annonce déjà celle de l'école du Pharo en plein déclin. Bientôt avec les « progrès de la science », les fléaux épidémiques appartiendront au passé » (*sic*). Même avec Paul-Louis Le Gendre en ombre tutélaire, il faut que le jeune Raoult ait le cœur bien accroché pour garder le moral.

C'est le cas. Car s'il sacrifie à la tournée des lits, c'est autant pour observer le comportement des bactéries, virus, parasites et autres microbes sur les organismes contaminés que pour soulager les malades. Les auscultations, la posologie, le recueil des plaintes, l'apaisement des souffrances le

« lassent ». Finalement, et même si aujourd'hui il donne des consultations chaque mercredi matin à l'IHU, il ne sera resté un infectiologue qui soigne, un docteur, au sens où l'imaginent aujourd'hui ses plus fervents adeptes, qu'une dizaine d'années. Dès ses débuts, le microbiologiste l'emporte sur le praticien. Ce qu'il aime c'est « chercher ». Et « s'amuser ». Même avec la fièvre boutonneuse méditerranéenne, ce vieux rogaton que ses patrons et chefs de service de l'hôpital Houphouët-Boigny lui suggèrent de choisir comme sujet de recherche dans le cadre de son internat.

Depuis quinze ans, personne ne s'intéresse à cette fièvre dite aussi « de Marseille », parce que c'est là qu'y ont été faites ses premières descriptions cliniques au début du siècle. La maladie est classée parmi les « typhus bénins », sans caractère de gravité. Rien de palpitant. Mais voilà que, examinant une quarantaine de cas, le jeune interne en découvre un qui a été fatal. Une observation à rebours d'un « demi-siècle de culture médicale », dit-il déjà sans se moucher du coude, et qui ne convient pas à ses patrons confits de « conservatisme » et de « conformisme ».

De cet épisode Didier Raoult fera une sorte de scène originelle car dans la foulée, il déniche six autres cas mortels dus à la même fièvre, ce qui fait trembler jusqu'à l'Institut Pasteur où « on le traite de fou ». Il parvient quand même à faire paraître son étude dans le bulletin de la « Société de pathologie exotique ». Sa première publication, dont il assure qu'elle a un « écho scientifique mondial ». Il s'en gargarise encore des années plus tard, alors qu'il a terminé son internat, quand il invite à dîner l'un des anciens chefs de service de l'hôpital Houphouët-Boigny, le professeur Auguste Bourgeade. Cet agrégé a fait une grande partie de sa carrière en Afrique, notamment au Sénégal. Et il vit au milieu des livres. Son frère Pierre est un écrivain spécialiste de Sade et de Georges Bataille, et son épouse, Paule Constant, future Prix Goncourt, a déjà publié plusieurs romans. Elle aussi a été élevée sous les tropiques par un médecin colonial. Mais il en faut plus pour impressionner Didier Raoult qui, à table, étale sa culture médicale tout autant que littéraire. Au milieu du dîner, il lance à Paule Constant que ses livres ne valent pas tripette comparés à ceux de Céline. Ce soir-là, elle quitte la table, bien décidée à ne plus jamais revoir cet arrogant personnage qui se prend déjà pour un « grand mage ».

5

LES BANQUETS DU DOYEN

Où est passé l'anarchiste ?

Il y a souvent en germe chez les indisciplinés une fascination pour l'ordre, la puissance, l'autorité. Cela vient alors, paraît-il, de la relation au père et donc à la « loi commune ». Les règles n'ont pas été bien assimilées, mais « l'imago paternelle », comme jargonnent les psychanalystes, reste survalorisée. Cette idéalisation produirait un tempérament de chef.

Tous ceux qui ont croisé le jeune Raoult dans cette décennie 1980 ne l'ont jamais vu prôner ni le Grand Soir ni la mise à bas des institutions. Ou alors seulement à son profit. Il a vite mis l'anarchisme de ses dix-sept ans au service de son ego. S'il veut bousculer les « dogmes », c'est d'abord pour laisser libre cours à son talent. Ses camarades de l'université et de l'internat n'ont pas mis longtemps à s'en apercevoir. S'ils ne connaissent rien ou presque de son enfance et des mécanismes intimes qui ont façonné son étonnant caractère, ils décèlent déjà chez lui des signes manifestes de ce qu'ils appellent une « hypertrophie du moi ».

Le charisme de Didier Raoult est à l'aune de cette dilatation. Depuis ses années « manteau de fourrure au lycée », il n'a pas perdu le goût de la popularité. Très vite, il séduit quelques jeunes pousses de la fac dont Renaud Muselier, déjà militant de droite et aujourd'hui président du conseil régional de Provence-Alpes-Côte d'Azur. Ce fils de très bonne famille (un père docteur en pharmacie et résistant déporté à Dachau, un grand-père vice-amiral de Forces françaises libres rallié à de Gaulle) a eu lui-même une scolarité difficile. « Muso », comme on l'appelle déjà, a passé son bac dans un pensionnat de Haute-Loire, et continue à pas mal s'amuser sur le campus. Le « grand Raoult » qui « fait la leçon » aux mandarins à coups de « Vous vous trompez ! » lui tape immédiatement dans l'œil. On ne peut qu'être « ébloui » devant la « puissance de son raisonnement » et sa « logique démonstrative » en forme de rouleau compresseur, pense déjà (et encore aujourd'hui) Muselier. À l'hôpital Houphouët-Boigny aussi, l'interne Raoult ne se prive jamais de « l'ouvrir ». L'étudiante Michèle Rubirola, future et éphémère maire de Marseille, est externe dans le même service que lui. Elle le trouve « macho, grande gueule, ingénieux, brillant ». Et résolument à droite.

Comme elle, tous les anciens condisciples de Didier Raoult ont peine à y croire lorsque, trente ans plus tard, ils l'entendent faire le parallèle entre son IHU et une expérience nourrie aux idéaux de 1968 : l'université libre de Vincennes. Un « nid d'opposants de gauche de génie », s'extasie-t-il. Foucault, Deleuze, Baudrillard, étaient « des anarchistes qui ne respectaient plus rien ». Ils ont fabriqué « la pensée la plus puissante qui soit », une pensée que le professeur enrôle régulièrement dans ses indignations contre le « formatage » des grandes écoles ou la « normalisation » de la recherche. Il peut se le permettre puisque, confie-t-il dans son *bureau du destin*, il a été un « lecteur du *Nouvel Observateur* » du temps où l'hebdomadaire était le porte-voix de ces philosophes.

Voilà d'ailleurs pourquoi il comprend mieux que les « soi-disant experts » ce qui advient aujourd'hui. Baudrillard, par exemple, a écrit, bien avant l'épidémie de Covid, « l'une des anticipations les plus justes » sur les mécanismes de « distorsion de la réalité » qui créent les « grandes peurs » collectives. Mais en matière de prémonition, professe toujours Raoult, personne n'a été aussi clairvoyant que Philip K. Dick. Le patron de l'IHU tient l'auteur de science-fiction pour « l'un des plus grands philosophes du XXe siècle » parce qu'il a « compris avant tout le monde que la politique ressemblerait de plus en plus à un simulacre » et ses représentants à « des hologrammes ».

Raoult pense comme K. Dick. À ses yeux, Macron ou Sarkozy, Merkel ou Johnson sont à peu près tous aussi impuissants. « Ils ne jouent aucun rôle dans la cinétique » des grands ou petits événements. De toute façon, le temps où la politique était « héroïque, offensive, pleine de bruit et de fureur » est terminé. La recherche et la médecine ? C'est pareil, laminées par « l'égalitarisme ». « À l'hôpital, comme ailleurs, ordonne Raoult, on ne peut pas vivre sans patron. » Et arrêtons sous prétexte « d'empêcher les petites dictatures » de retirer « leur autorité à ceux que l'on nomme les chefs ». Lui, donc. Surdiplômé et multidécoré. Combien de fois l'a-t-il répété devant les caméras quand on lui a demandé si son opposition au gouvernement et à la majorité de la communauté scientifique sur le Covid ne procédait pas d'une revanche à prendre sur ceux d'en haut. « Mais, l'élite c'est moi ! » martèle chaque fois celui dont les « antisystèmes » ont fait leur icône. Une erreur de casting ? Pas tout à fait. Dans les années 1980, déjà, Raoult joue sur plusieurs tableaux. Provocateur, comme lors de son bref et adolescent engouement soixante-huitard, mais aussi habile politique. De droite, certes, mais non encarté et capable de s'entendre avec la gauche.

Jeune interne, il n'en a que pour de Gaulle – retour à la tradition familiale – mais aussi pour Napoléon, voire les empereurs de la Rome antique. À cette aune, forcément, aucun parti politique n'est à la hauteur. Y compris la formation qui se réclame alors du Général : le RPR. Seulement voilà, le hasard faisant bien les choses, il se trouve qu'à Marseille le chef de file de cette droite, Maurice Toga, est aussi le doyen de la faculté et que le jeune Raoult l'« adore ». Ce Corse de Marseille est le titulaire de la chaire de neuropathologie. Surtout, on le dit si influent qu'il peut faire et défaire les carrières, en politique comme en médecine. En tant que plus vieil opposant de l'indéracinable maire socialiste Gaston Defferre comme dans le cadre de ses fonctions universitaires, Maurice Toga n'aime rien plus que repérer les hommes susceptibles d'entrer dans le clan. Très vite, il a sur ses tablettes le « petit Muselier ».

Via la « corpo » des étudiants, le descendant de l'amiral de la France libre propose – il en sourit encore – « des polycopiés à tarifs imbattables, des soirées en boîte de nuit gratuites pour les filles, des week-ends au ski ». Certes, ce n'est pas « Ici Londres », mais quand Mitterrand arrive au pouvoir, le fougueux Renaud livre une bataille pugnace contre la réforme des études médicales. Aussitôt, le perspicace Maurice le propulse au rang de leader des jeunes RPR du département.

Le chatoyant Didier, lui, ne trempe pas ses mains dans les tambouilles politiciennes, du moins pas à ciel ouvert. Ainsi peut-il se vanter de « n'avoir jamais eu de parrain », sans pouvoir pour autant renier son amitié pour le vieux Toga. Le doyen l'a trop souvent invité dans sa magnifique maison de Marseille pour qu'il oublie, quand on l'interroge sur le sujet, les soirées – des « sortes de banquets à la Socrate », préfère-t-il dire – organisées par le professeur sur la terrasse de sa magnifique villa. Un festival « d'humour et d'intelligence » dont le jeune Raoult est l'un des commensaux réguliers.

Certes, quand il fait de la politique, Maurice n'est pas un pur esprit mais ce sont « les mœurs » du moment. « En ces temps-là, relativise le patron de l'IHU, les gens s'arrangent, L'argent circule. Pour celui qui en reçoit, l'expression consacrée c'est : *on lui a porté le couffin*. Mais, je l'ai toujours dit et même écrit, je préfère quelqu'un qui est un peu crapuleux, mais qui mène la baraque, plutôt que quelqu'un qui serait parfaitement honnête et qui nous fout en faillite. » Quoi qu'il en soit, à l'époque, le doyen l'a pris sous son aile et ne tarit pas d'éloges sur lui. Il est déjà persuadé que « Didier ira loin » et lui passe presque tout, même lorsqu'il défend certains gauchistes de la faculté.

Yolande Obadia, par exemple, n'a jamais oublié comment « Didier, pourtant de droite », lui a sauvé la mise en lui évitant à plusieurs reprises des sanctions et même une exclusion alors qu'elle était en sixième année de médecine. À la tête d'un « comité de lutte » comptant aussi parmi ses membres Michèle Rubirola, elle conspue les « mandarins réactionnaires », s'indigne que les femmes battues soient si mal accueillies aux urgences et milite pour le droit à l'avortement. Un jour, elle décide de projeter dans l'enceinte de l'université *Histoire d'A*, un film du planning familial interdit à la diffusion (et dont le titre renvoie à la bluette érotique à la mode, *Histoire d'O*). Ce documentaire, qui incite les médecins à la « désobéissance civile » en leur demandant de pratiquer des IVG, alors illégales, est frappé d'oukase par le ministre des Affaires culturelles Maurice Druon, l'auteur du *Chant des partisans* et l'un des plus grands mamamouchis du Général. On voit d'ici la tête du doyen Toga qui convoque aussitôt Obadia en présence de Raoult, lequel se considère comme le leader naturel de tous les étudiants. « Il ne faut pas en vouloir à Yolande, dit Didier à Maurice. Je ne suis pas d'accord avec elle mais elle défend une cause avec humanité. »

L'agitatrice féministe échappe à la punition. Son sauveur s'est fait une alliée pour la vie. « Je ne peux rien refuser à Didier Raoult », dit aujourd'hui Yolande Obadia, devenue l'un des piliers de l'IHU.

6

NATACHA

« Qui est le meilleur chef d'écurie ici ? » La question est lancée à la cantonade dans la fac de médecine de Marseille, au mois de janvier 1981. Celle qui la pose s'appelle Natacha et ses copines lui trouvent « un chic fou » avec ses « pommettes hautes », ses « yeux myosotis », ses cheveux blonds comme les blés et sa manière bien à elle de porter « à la russe » ses toques de fourrure. Il n'y a pas à dire, « c'est la plus jolie fille de l'amphi ». Et « bosseuse » avec ça. Elle cherche déjà son « maître d'internat », soit le ou la senior qui a déjà surmonté l'épreuve du terrible concours et qui aide les jeunes externes à s'y préparer. « Le meilleur chef, c'est Raoult », répondent en chœur les camarades de la beauté slave. C'est ainsi que Natacha Caïn entre dans « l'écurie » puis, presque aussitôt, dans la vie du patron de l'IHU. Sourire lumineux mais solide comme un roc, elle semble avoir été taillée pour devenir une compagne indispensable dans les combats qui s'annoncent. On ne comprend rien à Didier Raoult sans Natacha Caïn.

Entre eux, le « coup de foudre » est immédiat. Le premier, presque trentenaire, est encore marié avec la future dentiste et père d'une petite fille. La seconde a vingt ans mais elle a hérité d'un passé qui vient s'emboîter telle la pièce d'un puzzle dans celui de la famille Raoult. Comme Didier, elle-même a essayé de s'en affranchir avant de s'inscrire dans sa lignée.

Natacha, née en 1960, a passé son enfance dans une enclave ultra privilégiée du 8e arrondissement de Marseille, le square Monticelli, lui-même situé dans l'un les quartiers les plus huppés de la ville, au-dessus de l'avenue du Prado : les Hauts de Périer, l'équivalent du « triangle d'or » parisien. Lorsqu'elle rencontre Didier Raoult, elle vit encore avec ses parents dans un splendide hôtel particulier qui sait aussi se transformer, si besoin, en « asile de fous », les parents de Natacha, l'un psychiatre, l'autre analyste, hébergeant parfois des malades à domicile.

Le père, Jacques Caïn, est docteur en médecine et aussi le principal animateur, pour la région Provence, de la Société psychanalytique de Paris, SPP, un repaire de freudiens. Aux yeux de sa fille, il est « un homme raffiné, au charme irrésistible », entouré de livres, écrivant lui-même (*Souffrance, plaisir et pensée*, *L'incohérent, l'inachevé,* etc.), connaissant le grec et le latin, doué pour les lettres autant que pour les sciences (il étudia la biologie), interprétant merveilleusement sur son piano les œuvres de Schubert mais aussi les tubes de Charles Trenet ou les grands standards de jazz. Dans l'hôtel particulier des Caïn, semblant tout droit sorti de l'univers de Stefan Zweig, chacun lit, chante, joue d'un instrument. Une ambiance très « monde d'hier » et « vieille Europe », tellement différente de celle dans laquelle a baigné Didier Raoult à Dakar, avec ces cinq frères et sœurs. Natacha, elle, est fille unique. Elle n'apprend pas dès le berceau les théories de la nutrition et de l'évolution mais elle a à peine huit ans quand son père lui fait réciter des vers de Corneille ou de Lautréamont et lire le *Petit Livre rouge* de Mao. Jacques Caïn, le grand bourgeois, a voté communiste jusqu'à la fin de ses jours. À vingt-trois ans, il a vu ses parents, des industriels prospères qui possédaient des usines d'engrais, spoliés de leurs biens par les lois antisémites de Vichy, parce qu'ils avaient leurs origines au comtat Venaissin (aujourd'hui dans le Vaucluse), cet ancien État du Saint-Siège où, au Moyen Âge, les papes « toléraient » les Juifs quand ils étaient chassés partout de France.

Jacques Caïn a gardé la lettre et l'enveloppe timbrée à l'effigie du maréchal Pétain que son père, auteur de pièces de théâtre, libre penseur et franc-maçon, reçut un jour de 1942 : « Cette missive, disait ce courrier, est un avertissement pacifique et invite votre famille à de sages précautions qu'ils sont amenés à prendre pour sauvegarder leur peau, à laquelle ils tiennent tout particulièrement comme il se doit. L'armée allemande en venant protéger le sol de la France contre la piraterie anglo-saxonne, veut débarrasser le peuple français en premier chef et à plus forte raison l'Europe tout entière de la piraterie juive qui a menacé la France occupée et qui menace de plus en plus la France non occupée jusqu'ici, d'un fléau et d'une peste immonde. [...] Il faut être intraitable avec cette race maudite [...]. Juifs l'heure du départ a sonné. » Jacques Caïn a rejoint la Résistance. Après-guerre, il s'est formé à la neurologie, à Chicago puis à Marseille, est devenu professeur de psychiatrie, sans négliger les enseignements des disciples de Freud ni ceux de l'école adverse puisqu'il a même fréquenté les séminaires de Lacan.

C'est en 1955 que, déjà marié, il rencontre, dans une maison où va s'habiller la bonne bourgeoisie marseillaise, une jeune beauté, Anne Zetlin, qui cinq ans plus tard donnera naissance à Natacha.

Anne est l'âme de ces lieux, un salon de couture qu'elle a créé rue du Jeune-Anacharsis, après le génocide qui a décimé les siens en Lituanie. Une partie de sa famille a péri dans les camps d'extermination, une autre à Vilnius dans la zone que le Troisième Reich avait transformé en ghetto avant de procéder à son « épuration », les plus chanceux ont réussi à se réfugier en Palestine. Ses parents, importateurs de lin aisés, parlant sept langues, du yiddish au russe en passant par le polonais, s'étaient eux installés à Berlin avant l'arrivée d'Hitler, puis à Marseille où, après la naissance d'Anne, l'antisémitisme des nazis et du régime de Vichy a fini par les rattraper. Pour fuir la Gestapo, ils se cachent dans une grange en Dordogne. À la Libération, Anne, qui a dû arrêter l'école, n'a que le certificat d'études. Mais après son mariage avec Jacques, elle s'initie elle aussi aux mystères de l'inconscient et se spécialise dans le « psychodrame Balint » (du nom de son inventeur, Michael Balint, un analyste hongrois exilé en Angleterre). Parfois, elle va elle-même s'allonger sur le divan chez Jacques Lacan *himself*, pendant que, merveilleuse scène de roman, sa fille, la future Mme Raoult, l'attend devant la porte, assise sur les marches.

Natacha va souvent aussi chercher son père dans la clinique où il officie (et où elle exercera elle-même lorsqu'elle deviendra psychiatre à son tour). En attendant qu'il termine ses consultations, elle devise dans le parc, avec les « résidents ». Les fous sont ses amis, dit-elle, ils ne lui font pas peur, elle grandit sous leur regard. Sous celui de Jacques et d'Anne aussi, qu'elle vénère tout au long de sa petite enfance, et qui répugnent à la scolariser avant l'âge de six ans, comme André et Francine Raoult avec leurs fils. À l'adolescence, elle voit défiler à dîner les plus grands noms de la psychanalyse mais aussi des malades aux pathologies spectaculaires, qui viennent parfois dormir à la maison. D'autres, pour la plupart des femmes, rôdent autour de la propriété, souffrant de psychose paranoïaque et de la conviction délirante d'être aimées. « Les érotomanes de papa », sourit aujourd'hui Natacha Raoult. L'une d'elles essaie régulièrement d'escalader le mur, emberlificotée dans une robe de mariée, en criant : « Je suis madame Caïn, je suis madame Caïn ! » Une autre a déjà incendié la maison de son ancien psy, qui du coup l'a « refilée » à Jacques.

La future épouse de Didier Raoult apprend très vite que la normalité est relative et que les araignées nichent à bien des plafonds. L'hôtel particulier est une bulle où ses parents à force de l'adorer la « vissent » jusqu'à ses années lycée et le début de sa révolte. Elle sèche, fugue. On l'envoie chez les bonnes sœurs de l'école Chevreul, à la Blancarde. Elle préfère se dévergonder au Petit Bar, le même café que celui où le fils d'André et de Francine faisant le cacou dix ans plus tôt. Elle aussi refuse de reproduire le schéma parental. Elle veut faire hypokhâgne et khâgne, voire écrire des romans. Mais son père et surtout sa mère répètent à l'unisson : « Ma fille, tu seras psy » – variante du « médecine ou rien » rabâché par le colonel Raoult. Anne, privée de diplôme sous l'Occupation, ne peut concevoir une vie de bohème pour sa fille. Il lui faut un métier « sûr » et, au cas où ressurgirait la haine anti-juive, « transportable ».

Natacha Caïn a seize ans quand elle s'inscrit à la fac de médecine ; vingt le jour où elle tombe amoureuse de son maître d'internat, Didier Raoult, bientôt divorcé ; vingt-deux lorsqu'en décembre 1982 elle l'épouse. Si tout est allé si vite, ils en sont persuadés, c'est parce qu'ils sont faits l'un pour l'autre. Quand ils ne se ressemblent pas presque comme des jumeaux, leurs différences les aimantent l'un à l'autre. D'un côté, l'Afrique, les tropicalistes de la coloniale, les petits notables de la médecine. De l'autre, Lacan, le bel hôtel particulier ouvert aux vents de la folie, la grande bourgeoisie intellectuelle. Ils se complètent à merveille, s'épaulent, se stimulent. Leur premier enfant, Sacha, naît dès 1983. Natacha n'a pas encore terminé ses études de médecine et hésite, comme avant elle le fils d'André, sur sa spécialité. Psychiatre, le même métier que papa et maman ? Quand même pas !

« Allez, Natacha, arrête, lui dit son mari. Tu vois bien que tu es faite pour ça. Tu as un don pour attirer les gens à problèmes ou les phénomènes. » La jeune Mme Raoult éclate de rire, elle a compris l'allusion. « Didier, avec son QI surdimensionné », s'amuse aussi une pièce rapportée de la famille, est un « cas », « un véritable monstre – au sens étymologique du terme bien sûr », le monstre étant alors celui qu'on « montre du doigt » (*monstrare* en latin), une merveille, un prodige.

Didier Raoult en tout cas, remarié et amoureux, poursuit

son chemin avec brio. En 1983, après avoir passé le diplôme de docteur qui lui permet d'exercer la médecine, il empoche un certificat d'études supérieures en bactériologie-virologie clinique, puis deux autres, en diagnostic parasitaire et en pharmacologie, avant d'être couronné, en 1985, d'un doctorat d'État en biologie humaine. Pendant ce temps, son épouse prépare son doctorat et écrit une thèse sur Charles Meryon, subjuguée par cet ancien officier de marine, fils d'un médecin, passé maître dans l'art des estampes et des eaux-fortes. C'est en flânant un jour avec son mari chez un bouquiniste qu'elle est tombée en arrêt devant les œuvres de cet artiste qui, avant elle, avait fasciné Victor Hugo ou Baudelaire mais qui, diagnostiqué paranoïaque et atteint d'un sévère délire de persécution, finit ses jours enfermé à l'asile de Charenton.

Un génie aliéné, voilà un bon sujet, se sont dit les Raoult. *Charles Meryon : sa vie, son œuvre, sa folie*, tel est le titre de la thèse que l'époux de Natacha suit avec intérêt. Lui aussi s'essaie à la peinture à ses heures perdues. Mais Natacha n'est en rien prosélyte.

Didier ne s'est jamais allongé sur le divan. « La question, si vous voulez, ne s'est pas posée, dit le patron de l'IHU dans son *bureau du destin*. Parce que je suis un stoïcien. Et le stoïcisme, c'est la lucidité sur soi-même. En plus, avec ma femme, j'ai un interlocuteur naturel depuis quarante ans, ce qui rend les choses assez simples sans qu'il y ait besoin de les formaliser. »

En 1986, c'est ensemble qu'ils s'envolent pour les États-Unis, avec leur petit garçon et leur fille toute bébé. Didier Raoult va faire son stage postdoctoral au National Institutes of Health, un organisme dépendant du ministère de la Santé américain, dont le principal site se trouve à Bethesda, dans la banlieue résidentielle de Washington. Tandis qu'il se perfectionne en microbiologie, son épouse travaille au Walters Reed Army Medical Center, l'hôpital militaire où trois décennies plus tard Donald Trump ira soigner son Covid.

Natacha Raoult y a obtenu un poste de recherche pour tester sur deux petits singes d'Amazonie encagés dans un laboratoire les effets de la MDMA, ce psychostimulant de la classe des amphétamines qu'utilisent parfois les armées pour améliorer les performances de leurs soldats et qui se vend dans sa « forme récréative » sous l'appellation d'ecstasy. Ces expérimentations sur la drogue dite aussi « de l'amour » n'emballent pas la psychiatre. Elle aime encore moins les États-Unis. C'est la raison pour laquelle Didier Raoult quitte au bout de seulement un an Bethesda et sa « Mecque de la recherche médicale », notent scrupuleusement ses hagiographes qui ne manquent jamais de rappeler non plus qu'à Atlanta, une autre Mecque, le Center for Disease Control, lui proposait également « un pont d'or ».

À son retour, en 1987, Marseille n'a jamais paru si belle à Didier Raoult. Il en vient même à apprécier « ses embouteillages, ses coups de klaxon, et son système D ». À la faculté de médecine, le doyen Maurice Toga le serre dans ses bras et lui fait grimper quelques échelons supplémentaires dans la recherche, avant de le proposer, en 1989, comme professeur : soit en maladies infectieuses, soit en microbiologie. C'est la deuxième option qu'il choisit pour « devenir tout de suite chef de service et ne plus dépendre de personne ». Au même moment, Natacha termine son internat. À la Timone, avant d'ouvrir un cabinet en ville, elle s'occupe des « grands délirants ». Pas de quoi l'effrayer puisqu'elle côtoie la folie depuis l'enfance et y trouve même parfois « quelque chose d'authentique qui fait dire tout haut ce que l'on doit penser tout bas ».

Didier Raoult, lui, a loupé son rendez-vous avec l'Amérique mais il a gagné son titre de professeur. Et il tambourine partout : « Non seulement je serai champion du monde, mais champion du monde en restant à Marseille. »

7

LE COMMANDO

L'avantage avec les bactéries, c'est qu'elles sont innombrables. Elles forment un monde où pullulent entre 5 et 10 millions d'espèces, dont 10 000 à peine ont été recensées. En s'en donnant la peine, on peut en découvrir chaque jour ou presque une nouvelle. Et, si l'on prétend arriver en tête du championnat, l'ajouter à sa liste des records. Celle de Didier Raoult, en ce milieu des années 1990, est déjà longue. Belle revanche sur les ricaneurs de la fac qui méprisaient l'infectiologie. Grâce à cette spécialité, puis à la microbiologie, il s'est familiarisé avec toutes sortes d'agents pathogènes. Et peut partir à la chasse de ce qu'il appelle ses « bestioles » avec des allures et un lexique de conquistador.

« Notre tube digestif est un lieu de bataille permanent contenant à lui seul cent milliards de bactéries qui s'entre-dévorent pour prendre possession de nos intestins... Chaque fois que vous mangez, vous favorisez sans le savoir une population au détriment d'une autre. Une gastro-entérite, et c'est la conquête espagnole en Amérique avec le massacre des populations indigènes. Une civilisation entière de microbes colonisateurs de votre tube digestif va disparaître à cause des salmonelles de votre déjeuner… Un écosystème en équilibre peut s'écrouler du jour au lendemain comme l'Empire aztèque ou inca. » À croire que l'évocation des chefs d'expédition soumettant le Nouveau Monde à la suite de Christophe Colomb lui rappelle sa propre guerre pour s'imposer dans le milieu de la recherche.

Il a désormais son labo, au quatrième étage de la fac de médecine, sur le campus de la Timone, loin de l'hôpital Houphouët-Boigny où il a fait ses débuts et qui vit ses dernières années avant la fermeture. La Timone, enfin ! L'établissement-phare de la ville où les ego et les chapelles rivalisent. De la sienne, il a posé les fondations dès 1984, avant sa brève incursion aux États-Unis. Et il peut déjà compter sur autant de missionnaires que de conquérants prêts à partir à l'assaut de sa terra incognita : l'univers foisonnant des rickettsies.

Les rickettsies appartiennent à la grande famille des bactéries, capables de se reproduire seules contrairement aux virus (tel le corona chinois qui va bouleverser le monde en 2020), qui ont besoin, eux, d'infecter une cellule pour se développer. Ces micro-organismes transmis à l'homme par les « suceurs de sang » – tiques, puces, poux, acariens – provoquent des rickettsioses, le typhus par exemple ou la fièvre boutonneuse méditerranéenne, laquelle offrit à Didier Raoult son premier sujet de conflit avec des pontes de l'infectiologie. D'autres avant lui, pourtant, ont affronté ces redoutables bactéries, notamment celui auquel elles doivent leur nom, Howard Taylor Ricketts, un pathologiste de l'université de Chicago mort au XIXe siècle après avoir contracté au cours de ses recherches l'un de ces dangereux bacilles, lesquels valurent, cent ans plus tard, à un autre pionnier de la microbiologie, le Français Charles Nicolle, le prix Nobel.

Cette récompense suprême décernée à l'un ces prédécesseurs est une excellente raison, précise alors Didier Raoult du haut de ses trente-deux ans, pour qu'il jette à son tour son dévolu sur le monde infini des rickettsies. En matière de diagnostic, tout reste à faire selon lui. Et, grâce à sa notoriété naissante ou à ses appuis à la fac de médecine, il se fait fort d'obtenir des instruments de pointe pour isoler et cultiver ces microbes dans sa première unité de recherche. Il ne manque pas de bras puisque, dès son internat, il a commencé à repérer des étudiants hypnotisés par son assurance ou enthousiasmés par ses projets. Il a piqué les plus prometteurs, parfois au nez de leurs patrons, avec l'idée de former un véritable « commando » dont il appelle très vite les membres – la plupart sont encore à ses côtés – « mes colonels ». Lui, c'est « le général », un grade très au-dessus de celui de son père dont il ne manque jamais de parler à ses subordonnées.

Dans son « état-major », comme ils disent aussi, nul n'ignore la geste d'André et l'admiration que lui porte Didier. Et, apparemment, personne ne regrette d'avoir à écouter ses récits, même si « le général » semble vouloir reproduire à Marseille l'atmosphère virile des barouds de la médecine coloniale à Dakar. Pour ses hommes, Raoult est à la fois un chef et un père. Cela n'échappe pas aux étudiants en médecine, qui dans leurs galas, tonus et autres soirées arrosées ne se privent pas d'épingler ses penchants autocrates. Un jour, ils miment le Napoléon des microbes tenant en laisse l'un de ses grognards, futur pilier de l'IHU, affublé d'un sobriquet peu amène : « le chien de Raoult ». Mais quand on est « chanté » (« parodié », en langage carabin) dans les fêtes de la fac ou de l'hôpital, cela signifie qu'on existe, non ? Et à partir de 1993, plus personne ne peut ignorer le professeur Raoult et son « unité des rickettsies ». Près de quatre-vingts personnes et un matériel de plus en plus sophistiqué : extracteurs d'ADN, séquenceurs automatiques, spectromètres de masse... « Pour l'identification moléculaire des bactéries, je n'ai pas peur de dire que nous sommes les meilleurs », se met à marteler Didier Raoult.

C'est l'époque où, forçant la chance pour son championnat, il commence à décliner le mot *monde* dès que l'occasion lui en est donnée : « meilleurs du monde », « plus que tout le monde », « avant tout le monde », « une star mondiale » (plus tard précédé de : « je suis »)... L'échelle planétaire est désormais la sienne. Pour se maintenir dans la course, il publie dans les revues scientifiques à un rythme plus que soutenu. Le « commando » se plonge corps et âme dans l'inépuisable réservoir des microbes pour les décrire presque à la chaîne.

« Quatre ou cinq » trouvailles par semaine, se réjouit Raoult. Et des palanquées de bactéries sorties de leur anonymat (« huit cents à ce jour, soit plus que tous les laboratoires du monde réunis »). Il faut bien faire preuve de créativité pour les nommer. En souvenir des hôpitaux par lesquels il est passé, le professeur les appellera, au fil des années, *Timonensis* ou *Conceptionnense*, et, pour rendre hommage à sa ville, *Massiliasis* ou *Quartiersnordsis*. Il veut entremêler le génie de ses chercheurs – et le sien – et celui de la Cité phocéenne ou du département (il y a aussi une

Bouchedurhônesis), remercier les élus qui le soutiennent, nouer des liens symboliques avec Marseille, s'inscrire dans sa riche et tragique épopée bactériologique qui, s'enflamme-t-il, « remonte à l'Antiquité ».

En théorie, les règles de la nomenclature bactérienne, régies par un code international, lui interdisent, comme à tout autre découvreur, d'utiliser son patronyme pour baptiser les pièces de collection. Mais rien n'empêche ses « colonels » de lui offrir ce plaisir lorsqu'ils doivent nommer les microbes qu'eux-mêmes ont identifiés. Michel Drancourt, repéré par le « général » en 1984 à l'hôpital Houphouët-Boigny et son plus ancien collaborateur, s'y est collé à plusieurs reprises avec la *Rickettsia raoultii*, puis la *Raoultella*, la *Raoultella electrica*, la *Raoultella ornithinolytica*, la *Raoultella planticola* ou la *Raoultella terrigena*. Mais, dit-il, d'autres membres de l'équipe, parfois Raoult lui-même, lui rendent la politesse. Comme tous les cultivateurs (c'est ainsi qu'on dit pour ceux qui mettent en culture les microbes), lui aussi a droit à quelques bacilles à son nom, notamment la *Légionnella drancourti*. Au sein du « commando », on ne lésine pas sur ce genre de petites satisfactions.

Outre Michel Drancourt, la bande des rickettsies compte l'infectiologue Philippe Brouqui, également l'un des plus anciens compagnons de route de Didier Raoult, coauteur de l'un de ses tout premiers ouvrages médicaux, et bientôt Philippe Parola, qui aujourd'hui monte parfois en ligne devant les caméras de télévision pour défendre le travail de l'IHU. Ce Corse de Marseille, qui a servi plusieurs fois sous les drapeaux en tant que médecin lors d'opérations extérieures en Bosnie, au Kosovo, en Côte d'Ivoire ou au

Tchad, est aussi un réserviste de la Légion étrangère nourri, dit-il, aux valeurs du « devoir », comme beaucoup de Raoult Boys. « C'est assez militaire ici », résume le prof de biochimie Éric Chabrière. Également réserviste mais entré plus tardivement dans le « commando », après avoir travaillé sur les gaz toxiques et de combat au Centre de recherche des services de santé des armées (CRSSA) c'est lui qui, en 2020, fera « les premiers dosages d'hydroxychloroquine et d'azithromycine » administrés aux malades du Covid. D'autres organiseront les dépistages, les premiers en France, dès le début de l'épidémie et se démèneront pour avoir des tests pendant que le gouvernement et le ministère de la Santé atermoieront. Le tropisme militaire de Didier Raoult a du bon, se rengorgent souvent ses fidèles.

Dans les années 1990, déjà, ils lui pardonnent tout. Le boss, de toute façon, n'est jamais là où on l'attend. Il peut malmener des stagiaires, les « exploiter » disent certains, mais aussi rembarrer les fils et les filles à papa et fulminer contre « l'héritage de la Françafrique » en dénonçant l'« escroquerie majuscule » qui consiste (jusqu'en 1989) à délivrer des diplômes spécifiques aux étudiants africains : « on accueille des enfants et des gens proches du pouvoir dans les pays l'ex-Empire. Ils viennent glander ici pendant cinq ans, puis on leur donne un diplôme à la petite semaine qui leur permet d'être nommés prof, doyen ou même ministre une fois rentrés chez eux. » Pas question de « cautionner ces dérives méprisantes pour les Africains ». Lui-même n'a jamais fait de différence selon les origines, tout autant par principe que par pragmatisme – ses étudiants venus du Sénégal, de Chine ou du Liban ne ménagent jamais leur énergie –, mais aussi au nom des évidences scientifiques. « Le Français de souche n'existe pas, rappelle-t-il toujours, la France est une variable géographiquement instable, un mythe. Quant à notre patrimoine génétique, il n'est que le résultat des grandes invasions. Les Celtes, les Germains, les Romains, les Huns, les Arabes, les Normands... Et des migrations économiques. Seuls quelques îlots, dont les Basques, ont conservé une certaine homogénéité génétique. Le droit du sang n'est pas scientifiquement fondé et notre métissage est généralisé. »

Didier Raoult ne s'en plaint pas, bien au contraire. Car s'il y a bien un endroit qui incarne ce brassage, c'est Marseille, « cette ville bordélique, moderne, métèque » dont il veut déjà faire sa place forte et à côté de laquelle « Paris sent la province ».

Dès cette décennie 1990, les soldats de l'unité des rickettsies ont l'impression d'ajouter un chapitre à la longue histoire de l'ancienne Phocée. C'est ici, trompette le chef, que naquit l'une des trois premières écoles de médecine de l'époque hellénistique. Ici qu'on construisit, comme à Venise et à Gènes mais avant tous les autres ports d'Europe, un lazaret, établissement de quarantaine pour les passagers revenus des terres lointaines. Ici aussi que sévirent tant de microbes tueurs. La grande peste, bien sûr, qui décima, en 1720, la moitié de la population et dont les rues ou les statues de la ville honorent aujourd'hui les héros, de monseigneur Belsunce, l'évêque qui se dévoua en donnant tant de messes, au chevalier Roze, qui organisa l'évacuation des cadavres. Tous les écoliers de Marseille l'ont appris. Mais que savent-ils du « mal des ardents » (en termes médicaux, l'ergotisme) qui, comme un feu, consumait les malheureux qui en étaient atteints ? du typhus que l'on traitait alors à renforts de tisanes, de vomitifs, de quinquina (l'ancêtre de la chloroquine) ? de la syphilis qui se propageait autour du Vieux-Port, dans les « lieux de plaisir » où Casanova et le marquis de Sade avaient leurs habitudes ? ou encore de la variole, de la fièvre jaune, de la diphtérie ? Sans parler du choléra qui à lui seul fit 18 000 morts à Marseille, au cours de dix épidémies successives, la dernière remontant seulement à 1885.

Ainsi, devant ses collaborateurs, ses collègues, ses amis de la politique, Didier Raoult esquisse déjà la grande fresque qui aujourd'hui raconte en images, sur les murs de l'IHU, la bataille multimillénaire de la ville contre toutes sortes de contagions. Il connaît ce passé sur le bout des doigts et bluffe ses collaborateurs avec son érudition qui, disent-ils, embrasse tous les domaines. Les sciences bien sûr, mais aussi la philosophie ou l'épistémologie.

Didier Raoult peut citer Bacon, Hegel, Nietzsche. Karl Popper et Thomas S. Kuhn paraissent n'avoir aucun secret pour lui. Apparemment, il trouve même du temps pour dévorer des romans. « Cent par an au moins », dit-il. Dans sa bibliothèque trône Céline « l'écrivain le plus génial du monde ». Selon l'un de ses beaux-frères, « il apprécie aussi les Allemands et les Autrichiens, surtout Ernst Jünger, moins Thomas Mann, Robert Musil ou Goethe ». Tous les Russes, en revanche, le transportent : « Didier a lu tout Dostoïevski, Tolstoï, Tchekhov, Tourgueniev… », sans dédaigner, à en croire toujours le beau-frère, les Américains de Steinbeck à Philip K. Dick. « Je suis un littéraire, je le revendique », dit

Raoult, transformant son retard à l'allumage au moment du bac en avantage. « Cela m'aide à penser. Et à ne pas trop adhérer aux croyances scientifiques. »

Homère, surtout, lui offre avec l'*Iliade* et l'*Odyssée* le recul nécessaire à l'observation de toute chose. Faut-il suivre l'exemple d'Achille, le héros solitaire de la force n'hésitant pas à sacrifier sa vie au combat pour se couvrir de gloire, ou celui d'Ulysse qui, pour retrouver Ithaque, recourt sans cesse à la ruse et au mensonge ? Le professeur peut discourir des heures sur le sujet. Il aime aussi se promener chez les Romains de l'Empire. Et là, sans hésiter, il puise son inspiration dans leurs triomphes plutôt que dans leur décadence.

8

LE BUSTE

Voici venue l'époque où ceux qui sont invités à dîner chez le professeur en ressortent avec, gravée dans la rétine, l'image d'un imposant torse revêtu d'une toge pourpre et surmontée d'une tête certes impériale mais reconnaissable entre mille, celle de leur hôte. Le marbre, grandeur nature, trône sur une colonne blanche qui aurait toute sa place dans l'atrium d'une villa romaine. Les initiés qui ont pu l'admirer notent que l'artiste a pris soin de sculpter chaque pli de la toge dans la couleur écarlate « des généraux victorieux ». Frappés par ce spectacle, certains ne peuvent s'empêcher, au lendemain des agapes, d'en faire la description sous le sceau du secret :

« Didier a un buste.

— Comment ça, un buste ?

— Il a un buste dans sa salle à manger.

— Et alors ? Plein de gens aiment les bustes.

— Un buste de lui ! »

L'existence de cet avatar minéral, en pleine polémique sur la chloroquine, a pu prendre des allures de rumeur. Car heureusement, le professeur reçoit peu, le plus souvent des amis proches dont la plupart ont fini par s'habituer à sa déco intérieure plus qu'originale. Au fil des ans, ils ont aussi vu apparaître les bustes de « Néron, Pompée, Sénèque ou Dionysos », ainsi que « des tas de statuettes gréco-romaines ». Par une sorte de phénomène d'accoutumance, ils ne sont plus étonnés de rien. Surtout que le living-room du professeur, également agrémenté « d'une fresque genre Pompéi », tient autant du cabinet de curiosités que du « capharnaüm » : entre les « colonnades d'un blanc étincelant jusque dans la cuisine » attenante, les « tables carrelées » et les fauteuils à « imprimé léopard », sur un sol en « tommettes provençales » s'étalent dans le désordre du quotidien les jouets des enfants, et bientôt des petits-enfants.

Plus qu'un écrin ostentatoire, les amis indulgents de Didier Raoult voient là un « sam'suffit » à sa mesure – deux étages dans un immeuble moderne des beaux quartiers, à Périer –, un univers « baroque et coloré » dont ils se demandent s'ils doivent prendre le « kitch » au premier ou au deuxième degré. L'ensemble s'ouvre sur un jardin « orné d'un aigle genre impérial en pierre » ainsi que de deux autres « bustes, sûrement des consuls mais peints en doré » et sur une terrasse dotée d'« un vieux four à pizza » assez « peu assorti » avec les quelques pavements « en mosaïque » que « Didier a faits lui-même », puisqu'il s'essaie aussi à cet art décoratif. Il y a plus mondain comme passe-temps.

Le professeur, bien que déjà devenu une petite personnalité marseillaise, fréquente peu les lieux à la mode. Au Cercle des nageurs, le club de la bonne bourgeoisie locale et des ambitieux ou des réseauteurs, il préfère les Bains militaires, un peu plus loin sur la Corniche, moins m'as-tu-vu et strictement réservé aux membres des armées et à leur famille. Il peut bénéficier, comme sa femme et ses deux enfants, de la carte d'adhérent de son père. Son seul privilège. La salle de sport où il fait ses exercices de musculation est « tout public ». Il a aussi des poids à domicile et prévient, à toutes fins utiles, qu'il peut « soulever cent quarante kilos en développé couché ». Ski et voile sont ses autres dadas. Pendant les vacances d'été, il sillonne la Méditerranée en famille. Son épouse écrit parfois sur le pont : elle y rédige son premier roman, *Sept jours*, inspiré de son histoire familiale et retraçant les persécutions subies par les Juifs de Lituanie. Sinon, les Raoult cabotent le long des calanques ou autour des îles du Frioul, « aussi belles que celles des Cyclades ».

Le professeur, qui méprisait les embarcations à moteur, « des promène-couillons », a fini par y venir après avoir essuyé une terrible tempête. C'est son épouse qui tient le volant, lui est un piètre conducteur, même en voiture. Leur bateau, acheté d'occasion, n'a rien d'un yacht mais il a – et certains tueraient pour ça – son anneau dans le Vieux-Port, où viennent encore à l'époque s'amarrer les pointus que les natifs de Marseille, quels que soient leurs revenus, se transmettent de génération en génération.

La ville change pourtant, en ces années 1990, s'efforçant d'être plus accueillante et « branchée » que lorsqu'il s'y est installé, trente ans plus tôt, avec ses parents. Devant ses visiteurs venus de la capitale ou d'ailleurs, Didier Raoult continue pourtant d'entonner le même refrain : il ne croit pas à la reconversion de cette « colonie turque, algérienne ou comorienne » en « cité bobo balnéaire », tout simplement parce que ce n'est pas son « destin ». Caressant le patriotisme local dans le sens du poil, il dresse le portrait d'une Marseille irréductible. « Ici, toutes les communautés ont leur place. Les seuls étrangers, ce sont les Parisiens », et les seuls aussi que le professeur emmène « manger la bouillabaisse » dans quelques établissements du centre-ville, rangés eux dans la catégorie des attrape-couillons. Il se réserve, pour lui seul et son épouse, la « délicieuse cuisine familiale » servie par les authentiques et « magiques » bouis-bouis de l'Estaque, ce petit port populaire jadis peint par Cézanne et désormais à l'à-pic des cités des quartiers Nord.

Le reste du temps, il travaille. Tellement qu'« à quarante-trois ans et après six mois harassants », « un 8 mai », jour de la commémoration de la victoire des Alliés sur l'Allemagne nazie, il fait « un accident cardiaque ». Ce printemps 1995, alors qu'il vient de décrocher le grade de professeur de première classe (réservé aux détenteurs de chaires universitaires), il se retrouve à l'hôpital. Le « destin » étant toujours aussi incorrigible, il apprend aussi depuis son lit que sur proposition d'un ami parisien, le professeur Claude Griscelli, immunologue réputé, spécialiste des maladies génétiques, il est nommé chevalier de l'ordre du Mérite. C'est ainsi qu'il reçoit sa première décoration. Et, au même moment, la sculpture de marbre à son effigie, croient savoir ses intimes.

Une « surprise qu'a voulu lui faire Natacha », commandée dans une marbrerie de Carrare que tous deux avaient visitée jadis, lors d'un voyage en Italie. Le buste célèbre le cœur du professeur remis en état de marche, son élévation dans l'ordre du Mérite et son acharnement dans une nouvelle mission, qu'en plus de ses travaux de recherche il a accepté de mener.

Depuis octobre 1994, il est président de l'université d'Aix-Marseille II, qui réunit alors la plupart des facultés de sciences de la métropole provençale, et qu'il a aussitôt rebaptisée « l'université de Méditerranée ». Dès son élection, à 77 voix contre 33 pour son adversaire, il ne songe qu'à ferrailler contre l'orgueilleuse et bourgeoise Aix-en-Provence qui veut conserver sa prééminence sur le droit, les lettres ou l'économie. Son autre obsession est d'évaluer les universitaires avec le « Science Citation Index ».

Son emballement pour ce « formidable outil », qu'il a découvert dix ans plus tôt pendant son stage aux États-Unis, annonce déjà la frénésie de publications qui fera son succès et qui lui est aujourd'hui reprochée. Le SCI, conçu au début des années 1960 par un statisticien américain, compile l'ensemble des articles scientifiques parus dans le monde, recense leurs citations, et donc leur influence sur les recherches en cours dans chaque domaine. Selon ce barème, leurs auteurs montent ou descendent dans le palmarès, obtiennent ou non des financements.

Publish or perish, résument les Anglo-Saxons, « publier ou périr », crie aussi le président Raoult comme s'il partait à la guerre. L'une de ses premières décisions, une fois élu, a été d'abonner l'université au site de l'Institut for Scientific Information (version numérique du SCI), qui permet de passer à la moulinette de la comptabilité toute la production de ses pairs. Au piquet les mauvais ou les paresseux. « Désormais, jubile-t-il, à Marseille et Aix, et pour la première fois en France, tout le monde peut savoir qui fait quoi. »

Avec son nouveau joujou, le professeur Raoult ne résiste pas non plus à la tentation de tester en 1997 quelques figures de la recherche hors territoire provençal avant de rendre public leur classement. Le monde est bien fait, car dans le hit-parade caracolent non seulement le géochimiste Claude Allègre, qui vient d'être nommé – ça peut aider – ministre de l'Éducation nationale et de la Recherche dans le gouvernement de cohabitation de Lionel Jospin, mais aussi l'ami pourvoyeur de la médaille du Mérite, Claude Griscelli, nommé depuis un an à la tête de l'Inserm (Institut national de la santé et de la recherche) et proche du chef de l'État, Jacques Chirac. Didier Raoult n'y peut rien si l'ISI et ses statistiques ont désigné gagnant ce duo œcuménique – Allègre de gauche, Griscelli de droite – et idéal en temps de cohabitation.

Parfois, pourtant, il faut bien se mouiller un peu pour avancer. L'épisode est enfoui mais le professeur – qui dit aujourd'hui : « Je n'ai pas d'idéologie et vous ne pouvez me caser nulle part » – finit par se mettre, à la fin des années 1990, pour un moment au moins, au service du RPR, via la rubrique « Débats et opinions » du *Figaro*. N'ayant pas sollicité de second mandat pour la présidence de l'université – il y a crispé tant de collègues –, il trouve un exutoire dans les pages saumon du quotidien, les premières à lui offrir un espace médiatique. Tribune après tribune, il s'exaspère de « l'inadéquation des formations aux besoins économiques », alerte sur « le déclin de la production des brevets », développe une vision libérale et managériale de la recherche. Tant et si bien que Les Amis de Jacques Chirac, l'association toute dévouée à la réélection du président, lui demande d'écrire le programme du parti sur les réformes universitaires. C'est ainsi qu'il fait connaissance avec les jeunots du RPR, dont Valérie Pécresse, puis déjeune avec le chef de l'État en personne qui accepte de poser pour une photo. « J'aimerais l'accrocher dans mon bureau juste en face de celle de mon père en compagnie du général de Gaulle », explique le professeur à Jacques Chirac. Ce jour-là, Didier Raoult inaugure sa collection de clichés présidentiels. Mais qui osera dire qu'il est seulement un homme de réseaux ?

En 1997, la guerre civile fait rage au Burundi et une forte fièvre décime les Hutus qui ont afflué dans la région après le génocide des Tutsis au Rwanda. Que fait le professeur lorsque l'un de ses anciens étudiants, reparti en Afrique, lui envoie les prélèvements effectués sur les malades ? Il saute dans un avion, sûr d'avoir repéré dans les échantillons qu'il a reçus la rickettsie responsable du typhus – comme lorsqu'il avait foncé au Zaïre où le même fléau frappait les camps de réfugiés. Sauf que cette fois, il est seul dans la carlingue. Il a embarqué de justesse. La zone est sous embargo, l'OMS ne lui a donné aucun mandat. « Je me missionne donc moi-même ! » se souvient avoir répondu le Cyrano de Marseille à l'organisation internationale qu'il tient déjà assez peu en estime. Sur place, la plupart des médecins ne trouvent pas non plus grâce à ses yeux. Ils croient avoir affaire au paludisme alors que « la plus grande épidémie de typhus depuis la Seconde Guerre mondiale » est en train de déferler sur ce pays. Tout président d'université qu'il est, et malgré « les Hutus qui déboulent parfois au détour d'une piste avec leur machette », il se rend dans les villages, fait le tour des dispensaires, réalise de nouveaux prélèvements. C'est bien le typhus, guérissable avec deux comprimés de doxycycline. En trois mois, l'épidémie est enrayée. « J'ai sauvé dix mille personnes », raconte Didier Raoult à son retour, sous les applaudissements de ses équipes.

Le chef peut bien user sa plume dans *Le Figaro* et faire des ronds de jambe à l'Élysée, pour son commando « il a toujours la gnaque et la vista ». Dans les contrées en guerre comme dans la France profonde. Un an plus tôt, c'est à Briançon, l'une des villes de pensionnat de sa jeunesse tumultueuse, qu'il a résolu un mystère. Comment diable, s'interrogent alors les épidémiologistes, cette sous-préfecture a-t-elle pu « attraper » la fièvre Q, maladie jusqu'alors inconnue dans le Briançonnais et qui, transmise le plus souvent par le bétail, s'attaque généralement aux bergers ou aux éleveurs ? La bactérie, qui peut engendrer des pneumonies, des hépatites, des méningites et aussi endommager gravement le cœur, a déjà infecté plus de 120 habitants. Les médecins du cru et les spécialistes accourus de Grenoble cherchent, en vain, l'animal – vache, chien, chat ? – à l'origine de cette fièvre pour cerner le foyer de contamination (à l'époque, on ne dit pas encore *cluster*). Le plus curieux, c'est que les paysans qui côtoient leurs troupeaux toute la journée sont épargnés par le microbe, tout comme les employés de l'abattoir de Briançon qui voient défiler leur part de bestiaux. Les experts patinent et l'épidémie se prolonge pendant trois mois jusqu'à l'arrivée du président-professeur Raoult. En moins de quarante-huit heures, il annonce triomphalement : « C'est bon, j'ai trouvé. Le problème, c'est l'héliport. » Celui de la gendarmerie ! Il jouxte l'abattoir et les carcasses laissées à l'air libre où prolifèrent les bactéries, disséminées dans toute la ville chaque fois que décolle l'engin de la maréchaussée, ses pales agissant comme un ventilateur géant.

Aussitôt le diagnostic posé, Didier Raoult dégaine ses écouvillons et déclenche, en mode mineur, la campagne qu'il lancera à grande échelle dès les premiers assauts du Covid : opération de dépistage intensive sur la population et, pour tous ceux que la fièvre Q n'a pas épargnés, prescription d'hydroxychloroquine.

9

LE VIRUS GÉANT

Qui d'autre que le professeur Raoult pouvait trouver un virus géant ? C'est à l'aube du deuxième millénaire que lui apparaît ce microbe aux dimensions exceptionnelles. Certes, son gigantisme est relatif – nous sommes toujours dans le monde de l'infiniment petit –, mais jusqu'ici il était établi que l'une des principales caractéristiques des virus résidait dans leur taille, réputée trois fois plus petite que celle des bactéries. Le virus était prié de ne pas dépasser 0,2 micron. Or, voilà qu'en 2001 le professeur et l'un de ses coéquipiers, Bernard La Scola (« l'esprit le plus créatif qui soit », dixit Raoult), en dénichent un qui mesure le double : 0,4 micron ! Ils peinent eux-mêmes à admettre qu'il ne s'agit pas d'une bactérie. D'autant que Raoult, il est bien obligé de l'admettre, n'est pas un virologue (contrairement à ce que l'on croit ou affirme depuis qu'il s'est illustré dans la pandémie du Covid). Qu'à cela ne tienne, avec la maestria qu'on lui connaît, il transforme ses faiblesses en force en paraphrasant l'un de ses épistémologues favoris, Thomas S. Kuhn : « Les révolutions scientifiques ne sont jamais faites par les spécialistes du domaine, elles proviennent d'ailleurs. »

Il observe donc à la loupe son TRUC : *thing resisting to uncompleted classifications*, comme disent les microbiologistes et qu'on ne peut traduire en français que par « chose qui résiste à toutes les qualifications ». Il lui faut bien deux ans pour en faire le tour et l'examiner sous toutes les coutures avec Bernard La Scola et le généticien Jean-Michel Claverie. En 2003, leur microscope électronique ne laisse plus place au doute : le TRUC appartient bien à la catégorie des virus. Et cette fois, Didier Raoult, dont le lexique tutoie pourtant toujours plus les sommets, est presque en panne de mots pour qualifier cette découverte qui bouleverse la doxa. Au géant, il attribue d'ailleurs un nom qui, quand on le lit trop vite, fait douter de ses mensurations : *Mimivirus*.

« Mimi » – et non « mini » – est une abréviation de *mimicking microbe virus* (« virus qui mime le microbe »), mais aussi une allusion à *Mimi l'amibe*, le conte qu'André Raoult, désormais largement dépassé par son fils sur le plan scientifique, lui narrait à Dakar en guise d'initiation aux lois de l'évolution. Des lois que le virus maous semble aussi défier : son ADN est si complexe et son mécanisme de défense si proche de celui des bactéries qu'il pourrait bien appartenir à un « nouveau domaine du vivant », finit par clamer Raoult qui, entre-temps, a retrouvé son vocabulaire assorti de superlatifs.

Il entre alors dans sa cinquantième et unième année et vient d'être nommé, quelque temps plus tôt, « professeur de classe exceptionnelle », l'un des grades universitaires qui jalonnent les parcours méritants. Il n'est pas le seul à pouvoir s'en honorer mais sa carrière est sans conteste brillante et bien remplie. En 2009, un autre TRUC se révèle à ses yeux : un virus encore, mais « virophage » celui-là, c'est-à-dire capable d'en manger un autre pour se reproduire. Une découverte « du même niveau que celle des bactéries par Louis Pasteur », n'hésite pas à dire alors son plus ancien collaborateur, Michel Drancourt, le baptiseur zélé de *Raoultella* et autres *Rickettsia raoultii*.

Le virophage se voit, lui, octroyer une appellation stratosphérique : *Spoutnik*, comme le premier satellite mis en orbite par les Soviétiques en 1957 et annonciateur de la guerre de l'espace entre l'URSS et les États-Unis. À en croire Didier Raoult, le virus cannibale est du même acabit. Après *Mimivirus*, il enfonce un nouveau coin dans la doctrine et ouvre de nouvelles perspectives, tout autant que *Marseillevirus* ou *Faustovirus*, identifiés un peu plus tard. Ces découvertes valent à leur « inventeur » une stature jamais encore atteinte jusque-là. Le 30 novembre 2010, celui-ci reçoit, au Collège de France, l'une des plus hautes distinctions scientifiques françaises : le Grand Prix de l'Inserm.

« Notre contribution à la virologie est considérable », lance alors le professeur. Ce n'est pas la ministre de la Recherche, Valérie Pécresse, qui dira le contraire : « Cher Didier Raoult, grâce à vous, un vent nouveau a soufflé sur la microbiologie. Vous mettez un point d'honneur à faire émerger des champs d'étude totalement nouveaux, inconnus jusqu'ici des laboratoires ou délaissés en raison de leur difficulté. » La ministre, qui prononce ce discours d'éloges au Collège de France, n'a pas oublié les débuts aventureux du Marseillais qu'elle avait croisé dix ans plus tôt chez Les Amis de Jacques Chirac : « Vous avez été, poursuit-elle, l'un des pionniers de la recherche sur les rickettsies, que peu de chercheurs étudiaient, et avez accroché à votre tableau près d'une centaine de nouveaux pathogènes. » Puis vient le clou du dithyrambe : « Non content de débusquer les bactéries, vous êtes aussi devenu un chasseur de virus hors pair ! » Raoult boit du petit-lait.

Il n'ignore pas l'agacement qu'il suscite pour avoir pénétré, comme l'en félicite la ministre, ces « champs d'étude » qui ne sont pas les siens. « De quel droit s'intronise-t-il spécialiste des virus ? » protestent, en coulisse et en catimini, les gardiens du temple que dérange aussi son « productivisme » en matière de bactéries : « Raoult les aligne comme d'autres épinglent les papillons. Forcément qu'il peut en sortir des nouvelles tous les jours, il y en a des milliards. » Amertume des « jaloux », balaie le professeur. Cette décennie est la sienne. C'est celle des succès. C'est celle de la pente ascendante. C'est celle de la reconnaissance, même s'il prétend qu'il se suffit à lui-même et que toute reconnaissance institutionnelle glisse sur lui comme une rickettsie dans une éprouvette. En revanche, la Légion d'honneur étant quasiment consubstantielle à sa famille, il accueille chaque médaille avec le sentiment de « ne plus faire honte » à ses ancêtres. En 2000, Jacques Chirac l'avait déjà fait chevalier. Dix ans plus tard, et à peine un mois après son prix de l'Inserm, il est promu officier.

C'est le président Sarkozy qui lui remet l'insigne. La scène ayant été comme il se doit immortalisée par les photographes du Palais, Didier Raoult peut accrocher dans son bureau son deuxième trophée élyséen. Au même moment, et comme dans un parfait alignement de planètes, l'État vient de lancer un appel à projets pour la création de plusieurs « instituts hospitalo-universitaires », autrement dit des IHU (c'est l'acte de naissance de ce sigle), regroupant dans un lieu unique le soin, la recherche et la formation. Dans le cadre de ce grand chantier promis par le président de la République, il est prévu d'ouvrir plusieurs de ces instituts en France, avec chacun sa spécialité. Depuis le temps que Didier Raoult milite pour cette idée !

C'est tout juste s'il n'a pas déjà dessiné les plans du bureau qu'il occupe aujourd'hui. Étant donné son passé et son présent, Marseille est toute désignée pour abriter en son sein un « infectiopôle » tout entier dédié à la lutte contre les contagions. Il en a parlé aux ministres de la Santé Jean-François Mattei ou Philippe Douste-Blazy et à tous ceux qui leur ont succédé. Il en a parlé aux élus de tous bords. Il en a parlé à ses confrères et à ses pairs. Il en a parlé à tout le monde, prêt à coiffer une série de nouvelles casquettes. Entrepreneur, manager, bâtisseur. Il est, soufflent ceux dont il fait le siège, « envahissant, passionnant, saoulant ». Voire « chiant », dit Yolande Obadia, l'ex-gauchiste de la fac de médecine devenue experte en santé publique, qui se laisse embarquer dans le grand tourbillon de Raoult pour l'aider à monter son projet.

« Il faut être un emmerdeur pour construire un IHU », disent aussi les fonctionnaires des différentes administrations qui supervisent le grand chantier Sarkozy et organisent l'appel à projets. En termes plus choisis, cela donne : « chaque institut hospitalo-universitaire sera créé autour de personnalités visant l'excellence ». Le 11 février 2011, devant le grand jury, Raoult passe son oral haut la main. Cinq autres projets – autour des neurosciences, des maladies génétiques, de la nutrition ou de la chirurgie – sont sélectionnés. Trois à Paris, un à Bordeaux, un autre à Strasbourg. Enveloppe budgétaire globale : 850 millions d'euros. Mais dès la proclamation des résultats du concours, Raoult ne peut s'empêcher de tonitruer qu'il a obtenu la plus grosse subvention – 72,3 millions d'euros – jamais accordée en France pour la recherche médicale. Incorrigible.

Il reste cinq ans avant que son IHU sorte de terre. Déjà, les ennemis – en trente ans de carrière et avec son caractère, il s'en est fabriqué une armée – sont en embuscade, à Marseille, dans la capitale, en province. « La science est un sport de combat », rétorque déjà Raoult (l'un des titres de ses nombreux ouvrages). S'ouvre alors la période où, pour rabattre leur caquet aux « envieux », il commence à diffuser, par voie de communiqué, ses exploits au championnat (du monde) : « *LabTimes*, revue européenne de sciences de la vie, classe le Pr Didier Raoult à la tête du top 30 des chercheurs les plus cités dans le domaine de la microbiologie, avec 19 136 citations issues des 754 articles qu'il a publiés entre 1997 et 2008. »

Personne ou presque ne songe alors à lui chercher noise parce qu'au cours de la même période, en 2006, lui et ses équipes ont été interdits de publication, pendant un an, dans les revues de l'American Society for Microbiology. L'« affaire » ressortira quinze ans plus tard. Sur le moment, la sanction ne soulève aucune vague. Il est reproché à Raoult and Co d'avoir présenté les mêmes chiffres pour des résultats d'expériences prétendument différentes. Un « manquement éthique », disent les Américains. Une « erreur », répond

Raoult. Qui ne commet pas de fautes ? Les fainéants, peut-être, mais pour les prolixes comme lui les accidents sont inévitables. Sans relâche, il « fait de la publi » pour voir monter son score dans l'index international des citations. Il maîtrise parfaitement ce système qu'il rappelle avoir « importé des États-Unis » et « imposé à Marseille » du temps où il en était président d'université. Depuis, tous les établissements hospitalo-universitaires de France ont adopté un logiciel, le Sigaps, qui attribue autant de « points » aux chercheurs et à leurs CHU qu'ils écrivent d'articles. Le Sigaps n'en regarde pas le contenu mais seulement leur nombre de citations dans la littérature scientifique et leur « facteur d'impact » (calculé en fonction du prestige et du rayonnement des revues éditrices). Chaque point rapporte 600 euros de dotation publique. Leur accumulation permet aussi de lever des fonds privés. Publier ou périr, toujours.

Très vite, Raoult atteint un rythme de production effréné : presque une « publi » par semaine ! Il cosigne, avec les membres de ses équipes, à peu près tout ce qui sort de son labo. D'autres que lui usent de ce genre de pratiques, mais lui en fait des tonnes. « J'ai mon théâtre, mondial, dans lequel je joue ma pièce à moi », fanfaronne-t-il.

Il n'a pas seulement affronté les Américains. Il s'est aussi battu contre les Anglais ou les Allemands qui, dit-il, ont par exemple tardé à reconnaître qu'il était « un as » de la paléomicrobiologie.

Eh oui, il fait ça également. Depuis 1998, cette discipline, qui consiste à étudier la trace laissée par des virus ou des bactéries sur de vieux ossements, est entrée dans l'éventail de ses compétences. Avec le fidèle Michel Drancourt, il a mis au point « pour la première fois au monde » – *of course* – « une méthode de diagnostic génétique des épidémies du passé en utilisant des restes de pulpe dentaire ». Les squelettes des victimes de la grande peste de 1720 déterrés à Marseille, à l'occasion d'un chantier public, lui ont servi de cobayes. Puis, en 2008, il s'est attaqué aux cadavres de grognards de Napoléon retrouvés à Vilnius, en Lituanie. Sur leur denture, il a aussi retrouvé des agents pathogènes, ceux du typhus et de la fièvre des tranchées. Les historiens, dit-il, ont alors enfin compris pourquoi la Grande Armée avait subi tant de pertes – 200 000 hommes – pendant la campagne de Russie : « À Vilnius, près de 30 % des soldats de l'Empereur ont été tués par les bactéries », leur explique le professeur, qui quelque temps plus tard « élucide » aussi la mort du Caravage. Dans les dents du génie de la peinture italienne, disparu en 1610 à la suite d'événements si obscurs que certains exégètes ont conclu à un crime, il détecte la présence d'un staphylocoque doré. « Le Caravage, tranche Raoult, est donc mort d'une septicémie, un diagnostic à l'encontre des nombreuses théories sur la raison de son décès. »

Le fils d'André part aussi régulièrement en campagne avec un vétérinaire du Service de santé des armées, le général Bernard Davoust. Il l'a connu durant son internat et l'a aidé à dépister fièvre boutonneuse et autres rickettsioses chez les chiens militaires. Depuis, il mène avec lui des expéditions, aux confins du monde, pour approfondir sa connaissance des zoonoses. En Guyane, il s'enfonce dans la jungle pour réaliser des « prélèvements vaginaux » sur des chauves-souris. Au Sénégal, il collecte le sperme des singes verts (le général Davoust a également inventé « une technique d'électro-éjaculation » pour ce faire). Au Congo, il recueille les excréments des gorilles. Au Rwanda, il « écouville » les bonobos. Le vétérinaire en revient toujours avec de « merveilleux souvenirs » qui soulignent « le courage de Didier, un fonceur à l'esprit vif ». Un jour, sur le fleuve Oyapock, leur pirogue a été emportée par le courant : « Sans attendre, Didier a enlevé sa chemise et son pantalon, et s'est jeté dans le tumulte des eaux pour nous tirer vigoureusement de l'embarras. »

Étonnant professeur, mi-Indiana Jones mi-savant vissé à son microscope, qui peut aussi, tout en surveillant la construction de son IHU, se préoccuper des invasions de poux. Aucun insecticide n'en vient à bout alors qu'ils occasionnent des maladies de peau parmi les populations les plus précaires et bien des désagréments chez les écoliers. Or, affirme le professeur en 2013, « il existe un remède pas cher et sans danger » que lui-même a donné à ses proches ou à des SDF mais que les pharmacies ne délivrent pas aux mères ou pères de famille lambda. Ce traitement est prescrit pour le traitement de la gale mais jamais pour l'éradication des poux. Pour obtenir cette indication, poursuit le professeur, le groupe pharmaceutique Merck, qui commercialise ce vieux produit, vendu comme un générique, devrait investir du temps et donc de l'argent. Pas rentable. Pendant ce temps, les fabricants d'insecticides inefficaces se frottent les mains : « On est chez les fous ! »

Le nom de la molécule dont le professeur Raoult se fait ainsi le chantre ? L'ivermectine, adoptée aujourd'hui par certains médecins au Pérou, en Slovaquie ou au Portugal (en dépit des recommandations de l'OMS et des autorités sanitaires européennes) pour soigner les malades infectés par le Covid-19... Que Didier Raoult vante l'ivermectine sept ans avant la pandémie de coronavirus relève de la coïncidence (le médicament est utilisé depuis 1981 contre une kyrielle de parasites). En revanche, il est troublant de constater à quel point les arguments de sa mini-croisade annoncent celle qu'il va mener pour la chloroquine.

Sa dénonciation des big pharmas et des institutions sanitaires (« éliminer les poux, c'est possible mais ce n'est pas autorisé »), ses opinions tranchantes, sa rhétorique du « bon sens ». Tout est déjà là ou presque, sauf les cheveux. Il les porte encore à mi-oreille, parfois un peu en dessous des joues, mais jamais beaucoup plus bas, raie sur le côté, mèche désormais grisonnante – il va sur la soixantaine – balayant la moitié de son visage. Sa barbe n'a pas encore poussé. Mais on commence à l'inviter sur quelques plateaux télé.

Il publie désormais presque un essai par an, avec des titres tels que *Dépasser Darwin* (la microbiologie ayant, selon lui, mis à bas tous les « dogmes » évolutionnistes), *De l'ignorance et de l'aveuglement* ou *Votre santé. Tous les mensonges qu'on vous raconte*... Il s'installe dans son créneau favori : le déboulonnage des « croyances scientifiques ». Il brasse encore plus large dans *Les Échos* et *Le Point*, dont il est devenu un chroniqueur régulier après avoir cessé sa collaboration avec *Le Figaro*, se montrant semaine après semaine toujours plus disruptif, même si le mot n'est pas encore à la mode, et aussi éclectique que son arrière-grand-père graphomane, l'académicien de médecine Paul-Louis Le Gendre. La diversité des thèmes qu'il choisit de traiter laisse pantois.

Il peut glorifier les antibiotiques, défendre le port du voile islamique à l'université, rouspéter contre « le personnel hospitalier qui ne se lave pas les mains », promouvoir, en vain, la candidature de son ami et ancien ministre de la Santé Philippe Douste-Blazy – « voilà quelqu'un qui sait hiérarchiser les problèmes » – à la tête de l'OMS, une institution « pyromane » qui s'alarme de « faux dangers » pour « faire plaisir aux labos et à l'industrie des vaccins ». Il peut affirmer que « le réchauffement climatique est incertain », alerter sur « l'inquiétante baisse de notre QI », réclamer « une revaccination de la rougeole tous les cinq ans », demander l'accueil des réfugiés syriens qui sont « une chance pour la France », appeler à « stopper l'antisémitisme de gauche déguisé en antisionisme ». Il peut regretter que « l'élite intellectuelle » soit dix fois moins payée que les acteurs de cinéma (« un professeur des universités et un directeur de recherche commencent à 3 000 euros »), tancer les écologistes qui « font croire que tous les pesticides sont toxiques »...

Il ne s'interdit aucun sujet mais se moque de ceux qui parlent de tout sans rien savoir. Il forge son personnage, un pied dans « le système », un autre en dehors. Ses écrits touchent alors un cercle restreint de lecteurs, ses livres ne sont pas encore des best-sellers mais, dans la rubrique scientifique des journaux, en particulier celles du *Point* et des *Échos*, il s'est déjà fait une place. Dans la même presse, le voilà désormais estampillé « seigneur des microbes », « dynamiteur des cadres de la pensée », voire « futur Prix Nobel ».

10

EN ESCADRILLE

« Prends garde, consul ! Il n'y a pas loin du Capitole à la roche Tarpéienne. » En 2016, à peine installé dans son IHU, dont la construction est achevée cinq ans après sa victoire devant le grand jury, Didier Raoult a mis la maxime latine à l'honneur dans son bureau. Un accès de « lucidité » plus que de modestie : après les honneurs survient parfois la déchéance, il faut parfois s'obliger à ne pas l'oublier. Et ce 27 mars 2018, jour d'inauguration officielle de l'Institut, il se dit qu'il a été bien inspiré. Il n'en est certes pas encore au stade de ces rebelles ou de ces criminels que les Romains précipitaient dans le vide depuis le fameux rocher, mais quand même, quelle claque ! en ce jour de printemps et de cérémonie, aucun ministre n'a daigné l'honorer de sa présence.

Dans le hall, où doit être posée la plaque de marbre célébrant l'événement, pas un membre du gouvernement. Pour représenter l'État, seul le préfet a fait le déplacement. Didier Raoult a bien essayé de joindre plusieurs fois au téléphone la ministre de la Santé, « Mme Agnès Buzyn viendra à Marseille, mais plus tard et pas à l'IHU », s'est-il entendu répondre. Quant à sa collègue de l'Enseignement supérieur et la Recherche, Frédérique Vidal, « elle est désolée mais elle doit assister à un séminaire sur la protection de l'enfance ». Pour couper le ruban de l'Institut, c'est donc Martine Vassal qui officie. La présidente du conseil général des Bouches-du-Rhône ! Entourée de l'inévitable Jean-Claude Gaudin, le maire de la ville, et de l'indéfectible Renaud Muselier, certes ex-secrétaire d'État aux Affaires étrangères dans le gouvernement Raffarin mais qui ne préside désormais qu'aux destinées de la région. Des huiles 100 % produits du pays.

Didier Raoult ne porte même pas de cravate. Et sur le plan capillaire, surprise, il s'est mis en mode « biker » – le style « druide » viendra plus tard. Ses cheveux ont presque retrouvé la vigueur de sa révolte adolescente. Désormais, ils flottent jusqu'aux épaules. « Pour les faire tous chier », dit-il devant quelques proches, en caressant sa barbe, qu'il a aussi laissée pousser, et en montrant ses mèches de *bad-boy*. Tous ? Comprendre, les inspecteurs de l'administration qui le traquent, les « petits marquis parisiens » qui essaient de le détruire et les baronnets marseillais également dressés contre lui. À cause d'eux, les ministres de la « macronie » le boycottent, alors que, jusque-là, il avait réussi à louvoyer dans les coulisses du pouvoir, tirant son épingle du jeu sous Chirac et Sarkozy aussi bien que sous Hollande.

À vrai dire, le nouveau président, Emmanuel Macron, n'y est pas pour grand-chose si Agnès Buzyn et Frédérique Vidal se sont fait porter pâles en ce jour d'inauguration. Ni l'une ni l'autre n'ont besoin de l'onction du chef de l'État pour bouder Didier Raoult. Il leur suffit de se baisser pour ramasser un prétexte. L'histoire de l'IHU de Marseille, depuis son approbation par l'État en 2011 jusqu'à son inauguration, en ce mois de mars 2018, n'est qu'une longue suite d'avanies et de psychodrames.

En 2013, lors de la construction des bâtiments, Yolande Obadia, la future présidente de l'Institut, doit même ordonner le passage en force des camions et des bulldozers pour démarrer le chantier sans accord préalable des autorités de tutelle. Avec sa manie de vouloir tout décider tout seul, Didier Raoult s'est mis à dos les principaux responsables de l'AP-HM, l'Assistance publique-hôpitaux de Marseille. Pour les calmer, il va même jusqu'à menacer de faire la « grève des points Sigaps », en rappelant que son score dans la bibliométrie et celui de ses chercheurs « rapportent chaque année entre 7 et 8 millions d'euros à l'AP-HM ». Puis, ravalant ses habituelles diatribes contre la capitale, il appelle les Parisiens à la rescousse, en particulier la ministre de l'Enseignement supérieur et de la Recherche d'alors, Geneviève Fioraso.

La socialiste part au quart de tour. Aussi conquise que la sarkozyste Valérie Pécresse qui l'a précédée au ministère, elle explique dans les cercles de pouvoir et de décision que l'Assistance publique de Marseille « veut la peau » de Didier Raoult : « Ils font croire qu'il est dingue et mégalomane. C'est pourtant l'un des esprits les plus brillants que nous ayons en France. » La « cabale » finit par s'apaiser. En mai 2015, le président Hollande remet d'ailleurs la médaille de commandeur de l'ordre du Mérite au professeur, qui peut aussitôt accrocher dans son bureau une troisième photo sur laquelle il pose auprès d'un chef de l'État. Avec celles de Chirac et de Sarkozy, cela lui fait un beau tiercé.

En décembre 2016, surtout, deux ans avant l'inauguration officielle, la dernière pierre de son grand œuvre est posée. Deux bâtiments aux façades en lames de béton se dressent entre la fac de médecine et le CHU de la Timone – l'un des bastions de l'ennemi qui semble avoir déposé les armes. L'« IHU Méditerranée Infection », c'est son nom complet, ouvre ses portes et démarre ses activités de recherche et de soins. La socialiste Geneviève Fioraso, qui a quitté le gouvernement, entre au conseil d'administration à titre bénévole. Tout comme le centriste Philippe Douste-Blazy, ex-ministre de la Santé et candidat malheureux de la France à la direction de l'OMS. Ou encore le professeur d'immunologie et futur président du Conseil scientifique Covid-19, Jean-François Delfraissy. Les deux hommes entretiennent alors les meilleures relations.

« J'ai construit un ouvrage plus durable que l'airain », fait dès les premiers jours inscrire – en latin toujours, c'est un vers d'Horace – le professeur sur le mur de son Institut. Toujours fan d'architecture et de déco, il a d'ailleurs tenu à donner à l'amphi qui accueille cours et conférences des airs romains avec force colonnades en trompe-l'œil et un pupitre en forme d'autel. Plus important, l'IHU a pour partenaires ou membres fondateurs la fondation Mérieux et l'Institut de recherche pour le développement, dirigé par le mari de Yolande Obadia. Et surtout, ou plutôt encore, l'Inserm et le CNRS. Sans oublier le Service de santé des armées. Le fils d'André l'avait promis aux anciens de l'école du Pharo (fermée en 2013). Il a recruté quelques-uns d'entre eux et confié le « centre de recherche vétérinaire » de l'IHU au général Bernard Davoust, son compagnon d'expéditions et de pirogue aux pays des gorilles et des singes verts.

L'IHU Méditerranée Infection est « quelque chose d'aussi beau que l'Orana de Dakar », se réconforte souvent à cette époque Didier Raoult. En plus moderne évidemment. Dans leurs articles, des journalistes décrivent avec lyrisme un « paquebot du futur ». Voilà « le lazaret marseillais du XXIe siècle », s'enthousiasme même l'austère revue médicale britannique *Lancet*. Au premier étage, les hospitalisations de jour, au deuxième celles de longue durée, au troisième les chambres de patients atteints de maladies ultracontagieuses. Idem pour les labos.

« Ici, plus on monte, plus le danger augmente », explique Didier Raoult quand il fait visiter ses installations classées « niveau de sécurité biologique 3 » (il n'a pas obtenu le « NSB4 », réservé à l'institut Mérieux de Lyon et aux militaires). « Les germes les plus virulents sont au troisième, et au quatrième, il y a la direction », plaisante-t-il désormais. Mais sous ses airs bravaches, il n'y a que du dépit. Sur le site de l'IHU, la visite virtuelle de l'établissement se fait au son d'*Ainsi parlait Zarathoustra*, la symphonie de Richard Strauss, mise à l'honneur dans le film culte de Stanley Kubrick *2001, l'Odyssée de l'espace.* Mais ce 27 mars 2018, ni les cors ni les trompettes ne suffisent à masquer le fiasco de la cérémonie d'inauguration.

L'absence d'Agnès Buzyn et de Frédérique Vidal tient à une foultitude de raisons. La première ne concerne pas le seul Didier Raoult et découle d'une récente décision aussi soudaine que brutale des deux ministres : la fin pour les instituts hospitalo-universitaires de leur statut de fondation, lequel leur confère une large autonomie. Dès cette annonce, Raoult et ses confrères crient au complot et désignent le commanditaire qui veut les « soumettre pour tuer la concurrence » : Yves Lévy, le PDG de l'Inserm. Pour les IHU, ce dernier prône en effet depuis longtemps un régime plus contraignant, celui du « groupement d'intérêt public ». Le problème, c'est qu'il est aussi le mari d'Agnès Buzyn. Le risque de conflit d'intérêts est si patent que la ministre finit par reculer. Pour le grand patron marseillais, comme pour tous ses autres collègues, l'affaire aurait pu en rester là. Sauf qu'il ne fait rien comme les autres, et que cette anicroche se double pour lui d'inimitiés personnelles. Didier Raoult a toujours détesté Yves Lévy, et vice versa. Depuis que l'immunologue parisien a pris la tête de l'Inserm, en 2014, Raoult n'a cessé de déblatérer, notamment dans ses chroniques du *Point*, contre cet établissement public, selon lui « en déclin ». Le microbiologiste marseillais s'est tiré par la même occasion une balle dans le pied.

« L'Inserm et le CNRS nous ont lâchés », souffle-t-il le jour de l'inauguration devant Martine Vassal, qui le surnomme déjà « saint Didier », ou Renaud Muselier, qui l'a depuis longtemps étiqueté « Prix Nobel en puissance ». Le professeur affiche un air dégagé mais il a du mal à encaisser que ces deux fleurons de la recherche française lui aient retiré leurs « labels », réputés gages d'excellence et surtout pourvoyeurs de crédits, alors que les autres IHU ont conservé ces marques d'appellation contrôlée. L'Inserm et le CNRS les accordent après examen des travaux et du comportement des demandeurs. Visiblement, ni le bilan ni les manières du professeur Raoult n'ont eu l'heur de leur plaire.

Il faut dire que le Marseillais est dans le collimateur de plusieurs autres instances à acronyme. En premier lieu, l'IGAS – l'Inspection générale des affaires sociales – qui, après avoir critiqué les « modes de gouvernance » de tous les instituts hospitalo-universitaires, a particulièrement reproché à Didier Raoult de « concentrer tous les pouvoirs » dans son institut : Yolande Obadia, la présidente de la fondation de l'IHU, paraît trop proche de lui pour faire preuve d'« indépendance », ses trésoriers ne sont pas « issus du monde de la finance », son encadrement administratif présente « un profil peu expérimenté », son conseil d'administration s'apparente à une « chambre d'enregistrement »...

À ces remontrances de l'IGAS se sont ajoutés les audits des CHSCT, les « comités d'hygiène, de sécurité et des conditions de travail » et la lettre envoyée, en juin 2017, par plusieurs syndicats à la ministre de la Recherche. La direction de l'IHU, écrit l'intersyndicale, exerce un management « d'un autre âge » – « cris, insultes vexations » – et « les employés les plus précaires, souvent d'origine étrangère, vivent dans la peur ». Ainsi, les doléances des douze ingénieurs, techniciens et assistants (en abréviation : les ITA) ont été recueillies, toutes sous le sceau de l'anonymat, « à cause des risques de représailles », dit la CGT. Ces ITA se désolent de ne jamais signer les publications scientifiques alors qu'ils participent « aux expériences » et d'être « fréquemment rabaissés, moqués, humiliés, soumis à des propos machistes, à des attitudes déplacées, à des altercations verbales violentes, voire à des menaces, de la part de la hiérarchie ». Selon eux, la pression rejaillit en cascade sur toute la chaîne de commandement qui manifeste son mépris avec

« des réflexions du type “vous n’êtes pas là pour réfléchir mais pour faire ce qu’on vous dit de faire” ». À les entendre encore, personne n’oserait jamais contredire le chef.

« Délirant, dit le professeur aux journalistes qui couvrent l’inauguration de l’IHU. Douze grognons, sur les huit cents personnes qui travaillent à l’IHU, c’est tout ce que ceux qui veulent nous abattre ont réussi à se mettre sous la dent. Nous avons ouvert l’institut de recherche sur les maladies infectieuses le plus puissant au monde. Nous offrons des conditions de vie exceptionnelles. Au niveau où je pratique la science, il y a des tensions, c’est la nature de l’excellence. » Ce 27 mars 2018, devant les personnalités qui ont bien voulu se déplacer, il lâche également : « Vous avez entendu dire qu’ici, c’était un lupanar. Alors j’ai installé des distributeurs de capotes anglaises ! » Rires dans l’assistance, mais jaunes pour la plupart. Car nul n’ignore que deux femmes ont porté plainte contre l’un des chercheurs de l’IHU. La première affirme avoir subi « des propos à caractère sexuel et des remarques sexistes » pendant près de sept ans. « Il est quatre heures, c’est l’heure de ma pipe, qui est-ce qui s’y colle ? » aurait eu coutume de demander le scientifique chaque après-midi dans son labo. La seconde dit même avoir été victime d’« attouchements ». La presse locale l’a rapporté et toute la fac de médecine est au courant. Les internes en ont tiré un sketch pour leur gala de fin d’année.

Dans la pure tradition des carabins, ils dansent et chantent sur scène : « Conditions dégradantes, comportements infâmes. À en croire *La Provence*, vaut mieux pas être une femme… ! Les pervers de l’IHU ont tous chopé la fièvre cul ! Loué soit le grand Didier… » Personne, ce soir-là, n'attribue au professeur de mots ou de gestes déplacés, mais il est accusé de ne pas avoir brisé l'omerta. Avant de saisir la justice, les deux plaignantes avaient dénoncé leur présumé harceleur à des membres de la direction. Didier Raoult, s'indignent les syndicats, « n'a pas saisi le procureur de la République comme l'impose l'article 40 à tout fonctionnaire informé de faits délictueux ». Réponse du patron de l'IHU : « Ce n'était pas à moi seul qu'incombait cette responsabilité. C'était d'abord à elle de faire son devoir ». Elle, c'est-à-dire la plaignante, qui a attendu sept ans avant de prévenir la police. De toute évidence, Didier Raoult, peut-être parce qu'il considère toutes les femmes de sa famille comme des « tromblons », est imperméable à #MeToo. Devant les journalistes du site Marsactu qui enquêtent depuis des mois sur tous ses dossiers, il ramène l'affaire à ce qu'il pense être sa juste proportion : « une histoire d'amour qui a mal tourné ».

« Les emmerdes, ça vole en escadrille », dit-il alors à ses proches, en citant Jacques Chirac. Car en plus des inspections de l'IGAS et des CHSCT, un troisième acronyme, le HCERES, soit le Haut Conseil de l'évaluation de la recherche et de l'enseignement supérieur, émet dans la même période des jugements désobligeants sur ses expériences de laboratoire : certains des travaux de l'IHU sur les bactéries, estiment les évaluateurs, se limitent à une « compilation » n'apportant à la recherche qu'un « bénéfice scientifique » très relatif. Selon eux toujours, pour ses publications comme pour sa collection de *Raoultella*, le microbiologiste marseillais donnerait trop souvent la « priorité au volume plus qu'à la qualité ». Seule une partie de ses articles, taclent-ils,

« paraissent dans des revues de haut impact international », tandis que d'autres, « refusés » par ces mêmes revues, trouvent preneurs dans le *New Microbes and New Infections*, dont le comité éditorial est dirigé par son complice de toujours, le professeur Michel Drancourt. Règlements de comptes à OK Virus ? Ce rapport du HCERES n'échappe en tout cas pas à Yves Levy. Comme tous ceux qui l'ont précédé. C'est en raison de cet amoncellement de critiques que l'Inserm mais aussi le CNRS disent avoir retiré début 2018 leurs labels et leurs dotations financières (« 400 000 euros », selon Raoult) à l'IHU, quelques mois avant l'inauguration officielle. Une décision aussi rare qu'humiliante.

Même pas mal, dit, ou fait semblant de croire le professeur.

11

LA PRÉMONITION

An 2019. Dans son bureau, sous le tableau représentant Poséidon brandissant son grand trident, le professeur admire le chemin parcouru. Il a surmonté les obstacles, déjoué toutes les « machinations ». Son Institut affiche « entre 11 et 18 millions d'euros de bénéfices annuels ». C'est bien simple, plastronne-t-il, « je suis la poule aux œufs d'or de l'Assistance publique ! ». Les fameux « points Sigaps » qu'il pond, si l'on peut dire, avec ses chercheurs continuent à doter en subventions « tous les établissements hospitalo-universitaires de Marseille ». Et dans son propre poulailler, le professeur couve en plus des start-up. Une quarantaine de brevets ont éclos, sans qu'il soit obligé, se félicite-t-il rétrospectivement, d'en partager les fruits avec l'Inserm.

Brevets ? Start-up ? Comme tous les autres IHU, celui de Marseille assoit une partie de son financement sur des fonds privés. Par exemple, l'industriel pharmaceutique Sanofi (qui fera bientôt parler de lui puisqu'il fabrique le Plaquénil, l'appellation commerciale de l'hydroxychloroquine) déclare lui avoir versé « 50 000 euros » dans le cadre d'un « contrat de recherche sur les maladies infectieuses », avant de « cesser cette collaboration avec l'IHU, en 2015 ». Depuis, la Raoult Company a créé huit « entreprises innovantes en démarrage », comme on dit en français. Ces start-up cèdent 5 % de leur capital à l'Institut et leur valorisation « rapporte 500 000 euros par an », annonce le big boss. Il a confié le poste d'incubateur en chef à l'un des colonels les plus « fanas mili » de son commando, le professeur de biochimie Éric Chabrière. Le quadragénaire musclé, qui testera bientôt les dosages du « cocktail marseillais » anti-Covid et se fera aussi connaître sur Twitter en canardant les ennemis du général Raoult, s'occupe de la commercialisation des brevets de l'IHU. C'est lui aussi qui a créé la première pépite de l'Institut, Gene & Green TK. Il y développe des « enzymes capables de neutraliser des agents neurotoxiques, tels que le gaz sarin », mettant à profit les recherches qu'il avait entamées pour l'armée lors de son service militaire, et il n'est pas peu fier que sa société ait pu « concourir à un appel d'offres de la Défense ».

Didier Raoult est lui-même membre fondateur de cinq start-up. « Il paraît, dit-il, qu'il y en a une sur dix qui rend riche, on verra. » Le professeur ne s'abaisse jamais à préciser qu'il n'est pas un homme d'argent. Comme si ce détail n'était pas de son niveau. Il le laisse à ses détracteurs qui cherchent déjà comment ils pourraient bien lui accrocher une ou deux casseroles et se désolent de faire chou blanc. Sur le site EurosForDocs, qui recense les déclarations obligatoires de liens d'intérêts entre professionnels de santé et industries pharmaceutiques, aucune trace du microbiologiste marseillais. « En farfouillant bien, dit Chabrière, on doit peut-être pouvoir trouver 30 ou 50 euros pour une invitation à déjeuner dans un congrès médical. Mais à part ça, rien. Contrairement à d'autres, le professeur est libre ! » Didier Raoult fraye tout de même – il ne s'en cache pas – avec la firme Hitachi. Le conglomérat japonais, spécialisé dans l'électronique, fournit à l'IHU de Marseille des microscopes ultraperformants mais « qui ne dépassent pas la taille d'une imprimante alors que les autres mesurent 2,50 m, pèsent 600 kilos et qu'il faut pomper pendant une heure pour les mettre en marche ». Certes, Hitachi est une multinationale, dit encore le professeur, mais pas l'un de ces « big pharmas » qui, à l'entendre, ne pensent qu'à faire des bénéfices.

Lui-même, assure-t-il, n'en a réalisé aucun avec ses start-up. Pour en être actionnaire, il met au pot comme ses coéquipiers des sommes « avoisinant les 900 euros » et réinvestit immédiatement ses gains, quand il y en a. Les activités de ses PME vont de la mise au point de nouveaux produits pour lutter contre les infections à l'invention d'un laboratoire portatif en passant par les crèmes de beauté.

Ainsi la start-up Biosqual exploite-t-elle une molécule produite naturellement par le foie des requins, la squalamine, aux « remarquables propriétés antiseptiques ». Le professeur s'intéresse aussi au ver planaire, un animal aquatique, long de quelques millimètres. Ses « extraordinaires capacités de régénération » le rendent quasiment immortel (découpé en morceaux, il se reconstitue intégralement). Une fois transformé, il offre une parade contre le staphylocoque doré. Broyé, il peut aussi entrer dans la composition d'antirides. Le potentiel de ce ver magique est exploré au sein de Techno Jouvence, dont Didier Raoult détient 23 % des parts, aux côtés de Yolande Obadia et du « harceleur sexuel » présumé dénoncé par les syndicats. À la suite des deux plaintes en justice dont il a fait l'objet, le chercheur, qui clame son innocence, a bien été révoqué de la fonction publique par une commission disciplinaire du CNRS, mais cette décision, se défend l'IHU, a été cassée par un tribunal administratif.

Didier Raoult a aussi des intérêts dans Pocramé, la start-up qui a inventé un minilaboratoire d'analyses médicales, « livrant ses résultats en 22 minutes et à partir d'un seul prélèvement ». Son coût oscille « entre 5 000 et 12 000 euros pièce ». La CGA-CGM, compagnie maritime basée à Marseille, l'a installé à bord d'une soixantaine de ses porte-conteneurs afin de diagnostiquer rapidement les malades parmi ses équipages. Pocramé propose aussi aux hôpitaux des boîtes stériles dans lesquelles les soignants peuvent ranger en toute sécurité leurs gants, lunettes ou surblouses. Dans le même ordre d'idées et toujours pour lutter contre les infections nosocomiales, Medihandtrace, également abritée dans la pépinière de l'Institut, vend un dispositif permettant de vérifier que médecins et infirmiers se lavent correctement les mains. L'IHU de Marseille l'a lui-même adopté dès sa création : une puce électronique insérée dans la chaussure de chaque membre du personnel indique si le distributeur de gel hydroalcoolique a bien été actionné avant l'entrée dans la chambre d'un patient. Dans le cas contraire, une alarme retentit… De cela aussi, Didier Raoult tire non sans raison quelque gloire, alors que le compte à rebours de la catastrophe épidémique du

Covid-19 est enclenché, sans que personne ne le sache, lui pas plus qu'un autre.

En revanche, ce qu'il sait et dont il s'honore, c'est qu'il a réussi à déployer une antenne de l'IHU au Sénégal, bouclant ainsi la geste paternelle. Le fils d'André pilote cette annexe africaine avec deux de ses fidèles : Philippe Parola, l'infectiologue de l'Institut (et réserviste de la Légion étrangère), rompu aux interventions sanitaires sur les théâtres de guerre, et le Sénégalais Cheikh Sokhna, épidémiologiste, biologiste et lui aussi chef d'équipe à l'IHU de Marseille. Didier Raoult se rend désormais au moins une fois par an dans son pays natal. Marchant, toujours, sur les traces de son père, il a équipé l'hôpital central de Dakar où il a vu le jour d'un spectromètre aussi moderne que ceux dont il use à Marseille, pour permettre au Sénégal d'enjamber « la microbiologie du XIXe et du XXe siècle pour entrer directement dans celle du XXIe », s'emballe-t-il.

Le professeur aime aussi raconter comment il a « créé des *points of care* », c'est-à-dire de centres de diagnostic rapide dans deux petites localités proches de la Gambie, Dielmo et Ndiop, sans trop s'étendre sur le fait que l'Institut Pasteur et l'Institut de recherche pour le développement ont fait, dès les années 1990, de ces deux communes des « villages pilotes » dans la lutte contre le paludisme, ou que l'université Anta-Diop y a depuis longtemps installé une « base scientifique ». L'IHU de Marseille a cependant apporté tout son savoir, son expérience et sa logistique. « Il a fallu installer l'électricité, on a payé avec nos crédits de recherche et c'est une leçon fascinante de voir comment la vie d'un village peut en être transformée. Pour la première fois le mil n'était pas broyé à la main, un marchand de glace a permis de boire frais. Je crois que c'est de cela que les habitants nous sont le plus reconnaissants », détaille le fils de l'ex-toubib de la coloniale dans les médias sénégalais.

En Afrique ou en France, le professeur reste égal à lui-même. Malgré les attaques et les critiques qu'il a essuyées en 2018, il n'a pas modifié son comportement d'un iota. Qu'il s'inquiète de la listériose au Mali, qu'il s'entiche d'un nouveau microbe géant ou ausculte de vieux squelettes, la nouvelle est toujours annoncée sur le site de l'Institut par des communiqués comminatoires ou triomphants. « Nos études sur la bactérie Listeria démontrent que les autorités internationales doivent prendre en charge ce problème, obstacle majeur au développement des pays du Sud », « Notre travail bouleverse une fois de plus le concept de virus », « Grâce à nous, Marseille est à nouveau le théâtre d'une découverte, à la croisée des chemins entre histoire de l'art, archéologie et microbiologie »...

En cette année 2019, Didier Raoult fête ses soixante-sept ans. Il a atteint l'âge moyen de départ à la retraite pour les médecins chercheurs et évoque à demi-mot ses deux possibles successeurs, Philippe Parola et Michel Drancourt. « Mes collaborateurs savent que dans deux ans, j'aurai rendu les clefs de la direction », confie-t-il aussi à l'ancien journaliste de *La Provence* Hervé Vaudoit, qui vient de retracer la saga à rebondissements de l'Institut (le livre, préfacé par Philippe Douste-Blazy, est en accès libre sur le site de l'IHU).

Didier Raoult pourtant ne semble pas près de lever le pied. Jamais à court d'une rodomontade, il proclame : « Nous sommes en train de créer ce qu'a été l'Institut Pasteur il y a cinquante ans. » Ou : « 30 % des microbes retrouvés au moins une fois chez l'homme, depuis l'aube de l'humanité, ont été découverts à l'IHU. » Puis, fin 2019, il enfourche l'un de ses chevaux de bataille favoris : la défense des antibiotiques. Il n'y a pas d'augmentation de la résistance à ce type de traitement, « contrairement à ce que répètent depuis quinze ans l'Assurance maladie, les ministres de la Santé, les décideurs politiques, les médias en reprenant des modèles mathématiques ou des projections statistiques déconnectés du terrain », affirme-t-il. Lui a été interroger 250 médecins et réanimateurs des hôpitaux de Marseille. Résultat : « moins d'un mort tous les deux ans dans leur service suite à une impasse thérapeutique liée à la résistance aux antibiotiques ». Conclusion : il est « primordial » de « continuer à utiliser des antibiotiques chez les patients ayant une infection sévère due à un virus respiratoire ».

Nous sommes alors à quelques mois du déferlement depuis la Chine d'une pandémie que nul ne voit venir mais dont Didier Raoult – là encore est l'extraordinaire dans ce personnage – a décrit les mécanismes et anticipé les effets… en 2003 ! Cette année-là, l'IHU est encore dans les limbes. Mais le Marseillais Jean-François Mattei, à l'époque ministre de la Santé, propose à son ami Raoult de se pencher sur la question du « bioterrorisme ». Le professeur s'attelle alors à la rédaction d'un document de plus de trois cents pages mais détourne un brin la commande et, plaidant déjà pour son

IHU, y ajoute un chapitre sur un danger tout aussi grand selon lui : les épidémies.

Il faut relire les principaux extraits de ce rapport. Didier Raoult tire la sonnette d'alarme sur « l'impréparation » de la France face au risque d'apparition de nouvelles maladies contagieuses.

Le microbiologiste prévient que « les virus émergents constitueraient une menace équivalente à celle de la grande peste du Moyen Âge si la transmission interhumaine par aérosol devenait naturelle ». Il rappelle que « la grippe aviaire apparue à Hong Kong en 1999 a pu être rapidement contrôlée », mais avertit que « le prochain mutant grippal pourrait ne pas l'être ». La « densification de la population » tout autant que la mondialisation – « entre 500 millions et 1 milliard de voyages par avion dans tous les coins de la planète » – laissent prévoir une « mutualisation rapide d'un virus transmissible par voie respiratoire ». Les « pays riches », poursuit Didier Raoult, ont tort de se croire à l'abri. « Les maladies contagieuses des plus pauvres » ne resteront « pas cantonnées dans le tiers-monde ».

Aucun « contrôle aux frontières » n'endiguera un « nouveau pathogène », ce dont les gouvernements et les opinions ne semblent pas avoir conscience, regrette-t-il en énonçant les raisons de ce déni. Elles résonnent tellement avec ce qui va advenir dans le sillage du Covid qu'on en est saisi : « La gestion des maladies infectieuses peut amener à remettre en cause la liberté individuelle. C'est le cas de l'isolement nécessaire pour éviter la contamination lorsque les patients sont contagieux, de la déclaration obligatoire des maladies et de la vaccination obligatoire dans le cadre de ces maladies contagieuses. » Des contraintes que Didier Raoult justifie par le fait que « les hommes constituant une espèce unique, le comportement individuel des humains peut avoir une conséquence sur la santé de l'ensemble de la population ».

En attendant l'irruption d'une épidémie appelant de telles mesures, il préconise d'« amplifier la surveillance des maladies infectieuses ». Ce qui, dit-il encore, « nécessite le courage politique d'investir dans des phénomènes qui ne sont pas médiatiquement intéressants, et qui sont parfois même inquiétants pour la population ». Il faut organiser « des campagnes d'information auprès du public, mais aussi auprès du personnel soignant sur les notions de base d'hygiène afin de relancer le nettoyage des mains dans les hôpitaux, le port de masques ». Son plaidoyer s'achève sur un avertissement : « L'urgence fait prendre aux politiques des responsabilités considérables » dont « le coût est bien supérieur à celui de la prévention ».

Dix-sept ans avant l'apparition de l'épidémie de Covid-19, Didier Raoult fait partie de ceux qui ont presque tout prévu.

12

TROIS MALHEUREUX CHINOIS

« Trois Chinois qui meurent, ça fait une alerte mondiale, l'OMS s'en mêle et ça passe à la radio et à la télévision. Le monde est devenu complètement fou… Les gens n'ont pas de quoi s'occuper, alors ils vont chercher en Chine de quoi avoir peur ? Ce n'est pas sérieux… Moi, ce qu'il se passe, le fait que des gens soient morts de coronavirus en Chine, je ne me sens pas tellement concerné. »

Ainsi parle Didier Raoult le 21 janvier 2020. Le professeur « visionnaire » semble tout à coup aveugle. Il n'est pas le seul. Menteur qui dirait aujourd'hui avoir compris à cette époque que le Covid-19 annonçait, peut-être pas la fin du monde, mais au moins celle d'un monde. Pourtant, venant du patron de l'IHU, on pouvait s'attendre à autre chose… Sa saillie sur les « trois » malheureux « Chinois » jaillit alors que les chaînes d'information en continu ont déjà commencé à diffuser des images apocalyptiques. Comme tout le monde, le professeur peut voir sur son écran de télévision des escouades de militaires emmitouflés dans des combinaisons de protection bactériologique, qui, la nuit venue, décontaminent, sous les halos des projecteurs et à grand renfort de pulvérisations chimiques, la mégapole de Wuhan. Mais le plus urgent pour lui est de clouer le bec des journalistes « alarmistes » ou des « pseudo-experts » invités sur les plateaux télé. Que savent-ils, ces ignorants ? Il est grand temps de rétablir les faits.

Voilà pourquoi, le 21 janvier 2020, il entreprend, sur la chaîne YouTube de son Institut, d'éclairer les Français, qui pour la plupart n'ont jamais entendu parler de lui. Sa notoriété se limite aux milieux hospitaliers et scientifiques. Même les Marseillais sont peu nombreux à savoir qu'ils ont pour concitoyen un microbiologiste si capé. « Professeur, doit-on craindre quelque chose en raison de l'épidémie de coronavirus apparue en Chine ? » le questionne un mystérieux interviewer invisible – un étudiant ? un stagiaire ? Didier Raoult répond d'un ton las, en se gratouillant la barbe : « Si à chaque fois qu'il y a une maladie dans le monde, on se demande si en France on va avoir la même chose, ça devient complètement délirant. » La veille, la Chine a pourtant comptabilisé officiellement non pas « 3 morts » comme il l'affirme, mais 9, et 291 cas de contamination. Dès le lendemain, 22 janvier, les autorités déclarent 17 décès et mettent les 11 millions d'habitants de Wuhan sous « confinement ». Un mot que les Occidentaux, sidérés par la méthode chinoise, n'ont pas encore intégré dans leur vocabulaire.

Le professeur, lui, semble avoir rangé tout au fond d'un placard son rapport de 2003 sur la possible émergence de « virus à transmission interhumaine par aérosol » et les risques d'une épidémie aussi dangereuse que la « grande peste du Moyen Âge ». Ces projections anticipatrices l'avaient aidé, à l'époque, à convaincre les politiques de lui « donner » son IHU. Justement, il pourrait profiter de ces images venues de Chine, faire la pub pour son Institut, dire à tous ses détracteurs : « Voyez combien j'avais raison de me battre pour le construire. » Non, c'est tout le contraire. Surprenant professeur. Il semble même avoir perdu son goût presque névrotique pour la contradiction. Le franc-tireur, aussi docile qu'un mouton de Panurge, se range dans le camp des « rassuristes » (ce néologisme lui non plus n'a pas encore fait florès) qui forme alors en France comme ailleurs une écrasante majorité.

Le jour où il enregistre sa vidéo, la ministre Agnès Buzyn parle, comme lui mais en termes plus choisis, d'un risque « faible » d'introduction de l'épidémie « sur le territoire national ». Quant au numéro deux du ministère, Jérôme Salomon, il explique doctement, dès le lendemain 22 janvier, que tout est sous contrôle : « Nous avons l'habitude de ce type de virus, c'est vraiment le modèle de la grippe. » Le visage rond, chauve et souriant de ce professeur en infectiologie, descendant direct du capitaine Dreyfus, n'a pas encore pris les traits de ce porteur de mauvaises nouvelles qui va égrener le soir à la télévision les victimes françaises du Covid. Au Conseil des ministres du 24 janvier, il n'est d'ailleurs question que du projet de loi de réforme des retraites, qui embrase le pays depuis deux mois. « Les risques de propagation en France sont très faibles », affirme encore ce jour-là Agnès Buzyn en ajoutant toutefois : « Cela peut évoluer dans les prochains jours. » En réalité, c'est une question d'heures. Le soir même, trois personnes ont été testées positives dans l'Hexagone, les premières sur le continent européen. Toutes sont passées par la Chine et ont été aussitôt mises à l'isolement. Ce cordon sanitaire semble efficace. Personne ne sonne l'alerte générale.

Que sait-on alors de l'agent pathogène qui, après avoir surgi à Wuhan, commence à se répandre à Pékin et à Shanghai ? A priori, c'est un « coronavirus » – ainsi dénommé parce que, sous le microscope électronique, sa bordure frangée évoque une couronne – qui choisit généralement pour hôtes des chauves-souris ou des oiseaux. Celui-ci pourrait avoir été transmis par un pangolin, petit mammifère à écailles, vendu sur un marché d'animaux sauvages de la capitale du Hubei. Le coronavirus peut provoquer un « syndrome respiratoire aigu sévère » (*severe acute respiratory syndrome* en anglais) que l'on désigne internationalement par l'acronyme SARS, depuis que plusieurs souches de ce microbe couronné ont sévi, occasionnant au moins deux épidémies – dont l'une déjà venue de Chine entre 2002 et 2003 – finalement assez rapidement jugulées. Mais le plus souvent, le coronavirus entraîne des infections sans gravité – rhinites, bronchites –, principalement chez les enfants.

Il faudra attendre le 11 février pour que l'OMS baptise officiellement la pneumopathie chinoise de « maladie à coronavirus 2019 », soit Covid-19 (pour Coronavirus Disease 2019). En attendant, depuis l'IHU de Marseille, Didier Raoult regarde de haut « le petit nouveau de Wuhan ». C'est ainsi qu'il appelle le microbe chinois. « Un de plus » qui ira enrichir sa « collection ». Des coronavirus, ce n'est pas la première fois qu'il en voit. À l'IHU, il en a répertorié au moins une quarantaine. Et évidemment, il surveille avec attention celui qui vient de surgir dans l'empire du Milieu. Chaque jour, son commando de chercheurs épluche les revues internationales de référence, *Cell*, *Nature*, *Science*, le *New England Journal of Medicine*, le *Lancet* ou *BioScience Trends*… Le microbiologiste sait bien qu'on lui conteste la qualité de spécialiste des coronavirus. Lui qui aime tant publier n'est, il est vrai, associé qu'à sept articles à ce sujet, deux en 2014, cinq en 2019, avec l'épidémiologiste de l'IHU Philippe Gautret, l'un des membres de son équipe rapprochée. Mais il a en tête tous les détails d'un SRAS qui avait donné du fil à retordre aux autorités sanitaires.

Tout avait commencé dans la chambre 911 de l'Hôtel Métropole de Hong Kong, avec un médecin atteint de fièvre et de toux comme les patients qu'il venait de soigner dans la province du Guangdong. Quelques jours plus tard, trois clients du même hôtel, dont une touriste canadienne, souffraient des mêmes symptômes. La maladie gagna Toronto, Hanoï et Singapour. En Chine des quartiers entiers furent terrassés. Aéroports fermés. Pékin placée en quarantaine avant désinfection, étudiants bloqués dans leurs universités et ravitaillés par l'armée. Du jamais-vu. La vague de panique avait saisi l'Europe cinq mois après l'apparition des premiers cas. « Pneumopathie : cinq raisons d'avoir peur », titrait la presse française. Et puis, sans qu'on sache vraiment pourquoi, après avoir touché quelque 8 000 personnes dans 37 pays, et causé 774 morts, l'épidémie s'était arrêtée du jour au lendemain. Le printemps ? C'est ce qu'a toujours pensé Didier Raoult. « Il n'y a pas d'infection virale respiratoire qui ne soit pas saisonnière. Ça n'existe pas », répète-t-il en ce début d'année 2020.

Le « corona chinois », malgré tout, reste au menu de toutes les réunions matinales qu'il a coutume de tenir dans son bureau entre neuf et dix heures. À partir du 14 janvier, chacune de ses interventions sur sa chaîne YouTube y est entièrement consacrée, comme pour préempter le terrain. « Nous avons le droit d'être intelligents », c'est le titre qu'il a donné à cette émission, lancée huit mois plus tôt sur des sujets aussi variés que « Péril fécal et baignade en eau de mer », « Punaises de lit », « Gonococcie et autres MSTE » ou « Varicelle et vaccination ». La dernière avant l'irruption du « petit nouveau de Wuhan » avait pour thème « Collapsologie et épidémies ». Le professeur y expliquait que l'effondrement de l'Empire aztèque était dû moins à la variole qu'aux massacres des conquistadors, et que la terrible peste du Moyen Âge avait aussi accouché de la Renaissance et d'un rebond économique. Ou alors, il s'inquiétait, avec raison, du « milliard de poulets élevés en batterie en France », à l'origine de zoonoses et d'un bon quart des infections urinaires. Devant la caméra, il portait déjà sa blouse blanche et souvent l'une de ses chemises Vichy, de préférence à carreaux roses, avec en arrière-fond ces tableaux de jeunesse façon *Cri* de Munch peints de sa main ou cette lithographie criarde représentant Poséidon, le dieu de la Mer et des Tremblements de terre.

En ce début 2020, son bureau ne fait pas encore partie des mythologies nationales. Pourtant sa voix si singulière, profonde mais sans effets de style, son ton à la fois professoral (« nous savons que… ») et trivial (« je m'en fous », « c'est du délire »), son air grognon mais sûr de lui donnent déjà à ceux qui l'écoutent l'impression de consulter un sage médecin de famille. Le professeur sait se montrer aussi brutal et insensible que le plus endurci des chirurgiens. Il fait partie de ceux qui combattent virus et bactéries sans se départir d'une part de fatalisme. Les épidémies, c'est la vie. « Oui, balance-t-il aux jeunes gens apeurés et aux seniors hypocondriaques, des papés vont probablement mourir d'une pneumonie à cause de ce nouveau virus. J'ai soixante-sept ans et j'ose le dire : il faut bien mourir de quelque chose. »

Dans ses vidéos ou lors des conférences qu'il donne dans l'amphithéâtre de l'IHU, il énumère aussi toutes les « fausses » alertes des vingt dernières années. La crise de la vache folle, en 1996 ? 177 morts au Royaume-Uni et 27 en France, « pourtant, elle nous a interdit de manger du bœuf pendant des mois ». Le chikungunya, en 2005 ? « Il a causé des douleurs, a atteint La Réunion mais n'a tué personne en France métropolitaine. » Ebola ? « Depuis que je suis étudiant, on nous ressort ça des tiroirs tous les quatre ou cinq ans. » La grippe aviaire ? Une « épidémie pour oiseaux » qui a déclenché « une production de vaccins complètement inouïe pour une maladie qui n'est pas une maladie humaine ». Cette année-là, en 2005, il s'en souvient encore, deux de ses collègues spécialistes des maladies respiratoires et infectieuses de la Pitié-Salpêtrière, les professeurs François Bricaire et Jean-Philippe Derenne, avaient fait un tabac en publiant chez Fayard un livre catastrophiste, *Pandémie. La grande menace de la grippe aviaire*, sous-titré *500 000 morts en France ?*. Il leur avait répondu du tac au tac avec *Arrêtons d'avoir peur !* chez Michel Lafon. Les ventes de son ouvrage n'avaient pas dépassé les 2 000 exemplaires, contre plus de 150 000 pour ses rivaux. Dans les couloirs de l'IHU, on l'entendait bougonner : « Je m'en fous. » Mais tous ses fidèles savaient que cet échec avait piqué son orgueil au vif. D'autant qu'il avait vu juste, contrairement à ses deux confrères. Et que le « délire », rappelle-t-il encore dans ses conférences, ne s'était pas arrêté là. Quatre ans plus tard, en 2009, la grippe H1N1, « une vraie grippe » celle-là, « touchant les humains », avait été tout aussi « mal gérée ». Près de 94 millions de doses de vaccin achetées par la ministre de la Santé de l'époque, Roselyne Bachelot. Plus des trois quarts parties à la poubelle, le virus ayant disparu presque aussi vite qu'il était venu…

Le patron de l'IHU ne s'est pas trompé jusque-là et, en ce début 2020, il est convaincu d'être à nouveau dans le vrai. « Le plus important dans une crise sanitaire, ce n'est pas la réalité, c'est la peur. J'ai peur de la peur. La peur c'est terrible, ça fait faire des bêtises », scande-t-il face à la caméra YouTube ou devant ses étudiants. Il méprise ces réactions « démesurées », ridicules, pleutres. Lui est déjà entré en résistance face à l'hystérie qu'il sent monter. Son grand père Paul-Victor, « membre du réseau Mithridate » au service de la France libre, et son père André, « médecin dans le maquis », lui parlent à l'oreille. Et déjà, le professeur rode ses comparaisons entre « la débâcle de 1940, le maréchal Pétain, le défaitisme » et la « panique » face au corona. Il les ressortira à Emmanuel Macron quelques semaines plus tard. Aujourd'hui, dans son *bureau du destin*, il s'accroche à un argumentaire dont lui seul saisit tous les méandres : « Le pétainisme, moi je sais, j'en ai parlé avec ma famille.

Le pétainisme, si vous voulez, c'est cette espèce de terreur qui prend les gens. D'un coup, il y a Pétain qui arrive et qui dit : ça va s'arrêter. Mais non, ça ne s'arrête pas. Il faut y aller. Mais avant le réveil, il y a une phase de sidération. »

Lui prétend garder la tête froide. Depuis que le corona est apparu, il se concentre sur la lecture du *South China Morning Post*, sa bible, qui chaque jour dresse la liste des morts et les localise en Chine. Didier Raoult y apprend que le corona de Wuhan a un taux de mortalité de 0,17 %, « proche, relève-t-il, de celui de toutes les infections respiratoires ». Il ne voit pas pourquoi il faudrait mettre en doute la parole des Chinois, qui sont « les plus grands producteurs de science » de la planète devant les Américains et les « meilleurs virologues au monde ». Il admire tout particulièrement le professeur Zhong Nanshan, spécialiste des coronavirus, et directeur de l'Institut des maladies respiratoires de Canton. C'est lui qui avait isolé le SARS de 2003, n'hésitant pas alors à contredire le pouvoir en place à Pékin. À quatre-vingt-quatre ans, il vient de reprendre du service mais dans la ligne du Parti, comme expert officiel, alors que d'autres médecins lanceurs d'alerte sont muselés ou arrêtés par la police pour « propagation de fausses rumeurs ». Zhong Naushan, désormais caution scientifique du président Xi Jinping, a été obligé de reconnaître sur la télévision d'État que le nouveau coronavirus se transmettait bien « d'homme à homme ».

Il y a pire. Mais le professeur Raoult, peut-être trop absorbé par ses lectures chinoises, loupe – comme d'autres – la très mauvaise nouvelle apportée, le 27 janvier, par une infectiologue de l'hôpital universitaire de Munich. Camilla Rothe détaille dans le *New England Journal of Medicine* une histoire troublante : celle d'un homme d'affaires contaminé par une amie chinoise qui ne présente alors ni toux ni fièvre et ne sera testée positive que dix jours plus tard, à son retour en Chine. L'infectiologue allemande vient en réalité de mettre au jour le premier cas de transmission du virus durant la phase asymptomatique de l'infection. Le corona version 2019 se propage sans crier gare, une différence majeure avec le SARS de 2003, qui ne passait que par des personnes ayant déjà déclaré la maladie et donc identifiables. C'est cette particularité qui va rendre le Covid-19 incontrôlable, mais dans la communauté scientifique personne n'en a encore pris conscience.

Si Didier Raoult ne raffolait pas des punchlines, peut-être que l'attitude qu'il a adoptée au début de l'épidémie se fondrait aujourd'hui dans la masse. Mais, même lorsque le bilan s'alourdit, il continue à dire : « Le coronavirus ? Moins de morts que par accidents de trottinette ! » Ah, cette trottinette… Il la replace dans toutes ses interviews et en fait même le titre d'une de ses vidéos YouTube. Il a toujours le verbe plus haut que les autres. Et s'il n'est pas encore devenu une vedette, toutes les perles qu'il enfile en ce mois de janvier resteront gravées dans les mémoires : « Ce virus n'est pas si méchant… Ce n'est pas un meurtrier aveugle. Sans être devin, je doute qu'il fasse augmenter de manière très significative, chez nous tout au moins, les décès par pneumonie… L'expérience montre que l'épidémie n'est pas mondiale… Il y a très peu de maladies infectieuses qui se répandent dans tous les espaces de la terre au même moment. Ça n'existe pas… C'est très très rare… C'est beaucoup de bruit pour pas grand-chose. » Et pour couronner le tout – après tout, pourquoi pas puisqu'il s'agit d'un virus auréolé ? –, il ose même : « La chose la plus intelligente qui ait été dite, c'est par Trump : "Au printemps, ça va disparaître." »

13

L'HUMILIATION

C'est un parfait exemple de « bureaucratie à la française », l'un des tout premiers dans la longue liste qui émaille la gestion du Covid-19. Celui-ci, jamais raconté, est en plus mâtiné de mesquinerie et de petits règlements de compte personnels. Nous sommes le vendredi 31 janvier au matin. Un Airbus de l'armée de l'air survole l'aéroport militaire d'Istres, avec à son bord les Français fuyant Wuhan. Les rapatriés sont attendus à Carry-le-Rouet, petite station balnéaire à moins de trente-cinq kilomètres de Marseille, et Didier Raoult n'a été prévenu que quelques heures auparavant. Doit-il le rappeler ? Il dirige pourtant le seul institut hospitalo-universitaire français spécialisé dans les maladies infectieuses puisque l'État l'a voulu ainsi, il y a dix ans. Et maintenant, le même État snobe l'« infectiopôle » dont il a approuvé la création. Kafka au secours, ou, en langage raoultien : « On marche sur la tête. »

En quelques jours, tout s'est accéléré. Le nombre de personnes contaminées dans la province du Hubei frise les 11 000 et celui des morts est passé à 258. Et encore, ce ne sont que les chiffres officiels. L'OMS répugne à prononcer le mot d'épidémie. Quant à la pandémie... Mais, dans le jargon qui est le sien, l'Organisation mondiale a « déclaré » le nouveau coronavirus comme « une urgence de santé publique internationale ». La France, elle, a décidé de rapatrier tous ceux qui, parmi ses ressortissants installés à Wuhan, ont demandé à rentrer. Évidemment, il faut trouver un endroit pour les placer « à l'isolement » après les avoir « testés » (encore des expressions qui déboulent dans le champ lexical, le changement d'ère se fait d'abord, à bas bruit, par les mots). Où envoyer ces éventuels contaminés ?

Le choix de la région marseillaise tient du hasard et non de la nécessité. Heureusement pour lui, le professeur l'ignore encore ce 31 janvier. Cinq jours avant que l'Airbus ne décolle de Wuhan, le directeur de cabinet du ministre de l'Intérieur, Stéphane Bouillon, a contacté tous les préfets de France et leur a donné vingt-quatre heures pour identifier les lieux d'hébergement et de « mise en quarantaine » disponibles. Mais pour faire venir des contagieux dans leur département, les fonctionnaires ne se bousculent pas au portillon. Même l'armée refuse d'ouvrir l'une de ses bases, au nord de Paris, pourtant parfaitement équipée. La place Beauvau se rabat donc sur un club de vacances de Carry-le-Rouet, sur la Côte Bleue, après le petit port de l'Estaque. Noyé au milieu d'une pinède, et encore vide à cette saison, le sympathique établissement Vacanciel dispose surtout d'un accès unique pour les voitures, de deux sorties piétons et d'un seul chemin vers une étroite calanque. Facile à sécuriser et à surveiller. Les rapatriés auront en plus vue sur la mer.

C'est la veille du débarquement en France que Didier Raoult apprend que Carry-le-Rouet a été désigné pour les accueillir. Après tout pourquoi pas ? Une telle opération doit se faire dans la discrétion. Un début de psychose – la fameuse « peur » que redoute tant le professeur – se répand déjà partout en France, dans les rues ou les transports publics, dès qu'un Asiatique paraît. Que les pouvoirs publics n'aient pas jugé utile de claironner quel genre de touristes s'apprêtaient à poser leurs valises dans le club de vacances, le patron de l'IHU peut l'admettre. Mais on aurait pu le prévenir, lui ! Il sait ce que sont les missions délicates. D'ailleurs, à peine informé, il met sur pied un plan d'attaque.

D'abord envoyer ses « troupes » sur le tarmac, à l'aéroport d'Istres. Ne pas laisser descendre les rapatriés de l'avion avant de leur avoir mis un écouvillon dans la narine. Le dépistage, il a toujours su faire. La fièvre Q à Briançon. Ou le typhus au Burundi. Sans parler des milliers de diagnostics réalisés dans son Institut. Quant au SARS-CoV-2, comme on appelle désormais le virus découvert dans la province du Hubei, les Chinois en ont publié le séquençage à la mi-janvier. Et à l'IHU, les biologistes et virologues du commando Raoult, notamment Philippe Colson et son collègue Pierre-Édouard Fournier, responsable du diagnostic moléculaire, se sont empressés de se procurer de l'ADN de synthèse reproduisant une partie du virus. La société Eurogentec, basée à Liège, le fabrique à la demande. L'Institut marseillais l'a rapidement reçu et a pu constituer ainsi sa première petite réserve de tests… Didier Raoult pense toujours que le « petit nouveau de Wuhan » n'est ni très méchant ni particulièrement expansionniste – la France ne compte alors que six cas de contamination –, mais il tient ses « troupes » prêtes à passer à l'action. « Dépister, tracer, isoler », c'est depuis toujours son mantra.

Avant même que l'Airbus militaire n'atterrisse, il explique donc aux autorités sanitaires : « On va faire le truc comme moi je l'ai toujours fait, à la militaire. Vous nous laissez monter dans la carlingue. On prélève. On a le résultat en deux heures. Et on peut dire : vous les infectés, venez chez nous, à l'IHU. Les autres vous partez à Carry-le-Rouet, on vous fout la paix. » Aussitôt dit, quatre membres de l'Institut, dont Pierre-Édouard Fournier, foncent à l'aéroport d'Istres avec leur matériel. Sur le tarmac, ils tombent nez à nez avec Agnès Buzyn. La ministre de la Santé est venue de Paris souhaiter la bienvenue aux « expat ». Mais la seule présence des Raoult Boys semble lui gâcher sa journée.

Au même moment, le cabinet du numéro deux de la Santé, Jérôme Salomon, fait assaut de paperasserie auprès de l'IHU de Marseille. Des tests dans l'avion, au débotté ? Pas question. Il faut d'abord obtenir un « avis conforme du CPP », le comité de protection des personnes, comme l'exigent les « expérimentations organisées et pratiquées sur l'être humain » ou les essais thérapeutiques. « Un CPP pour mettre un machin dans le nez des gens ? » s'étrangle Raoult. Oui, et il faut aussi que ces gens donnent leur accord par écrit après lecture d'un document détaillé. Le professeur devient fou : « Vous voulez qu'on leur fasse signer un truc de quatre pages pour savoir s'ils acceptent qu'on leur dise s'ils ont le Covid ou pas ?! » En effet, répondent encore les fonctionnaires de la direction générale de la Santé, qui promettent cependant de se remuer pour saisir le CPP « en urgence », une notion toute relative puisqu'il faut vingt-quatre heures pour lancer puis faire valider la procédure. Entre-temps, les 180 passagers commencent à descendre de l'Airbus et les Raoult Boys, en panne d'autorisations, remballent leur matériel. On aurait voulu priver l'IHU de Marseille de son (premier) quart d'heure de célébrité par temps de Covid qu'on ne s'y serait pas pris autrement.

« Vous n'aurez pas le droit de sortir pendant quatorze jours, stade ultime de l'incubation de la maladie. Mais vous serez aussi surveillés cliniquement, avec prise de température deux fois par jour. » Sur le tarmac de l'aéroport d'Istres, Agnès Buzyn rassure les futurs hôtes du club de vacances. Elle semble goûter le soleil d'hiver loin de son difficile quotidien au ministère de la Santé. Manque d'effectifs à l'hôpital, personnel soignant exsangue (déjà), réforme des retraites. En cette fin janvier, on ne parle que de ça. Et des prochaines élections municipales à Paris où l'hématologue aurait bien aimé un temps se présenter.

Mais aujourd'hui la ministre, peut-être parce qu'elle est aussi prof de médecine et qu'elle a prêté le serment d'Hippocrate, se demande s'il est bien raisonnable de maintenir le scrutin. La veille, elle a fait part de ses doutes au Premier ministre Édouard Philippe. Mais elle ne laisse rien transparaître de ses inquiétudes, surtout en public. Deux Français en provenance de Wuhan ont de la fièvre. Sont-ils contaminés ? Le commando Raoult, en attente de sa « CPP », n'a pas pu « écouvillonner » dans l'avion, mais deux passagers enrhumés ou fiévreux – finalement négatifs – sont transférés à l'IHU. « À l'hôpital de la Timone » pour le premier, et « au centre hospitalier universitaire de Marseille » pour le second, préfère dire Agnès Buzyn. De toute évidence, cela lui écorche la bouche de citer cet IHU qu'elle a refusé d'inaugurer deux ans plus tôt, et plus encore le nom de Didier Raoult, l'ennemi de son mari Yves Lévy (qui entre-temps a quitté la direction de l'Inserm). Dans le récit médiatique du premier épisode français du Covid, l'expertise du Marseillais a été gommée. Mais Didier Raoult n'a pas encore fini de boire le calice.

À Carry-le-Rouet, ce même vendredi, les habitants hésitent entre l'excitation et la panique. La France les observe et réalise sans doute pour la première fois que le coronavirus pourrait très bien ne pas rester cantonné à la Chine. Beaucoup se massent sur les trottoirs pour voir passer les bus, précédés de motards de la gendarmerie, qui transportent les confinés jusqu'au club de vacances. On peut apercevoir leurs regards fatigués à travers les vitres, et le reflet du verre renforce le côté « film catastrophe ». Les proscrits portent des masques chirurgicaux, comme ces touristes japonais qu'on croyait naguère arrivés d'une autre planète. Parmi la population de Carry (à peine plus de cinq mille âmes) les plus audacieux applaudissent, d'autres craignent que les poubelles des pestiférés soient mélangées aux leurs et contaminent toute la station.

Le maire, lui, est juste furieux. Il veut bien se montrer solidaire des Français revenus de Wuhan et peut-être de la mort, mais il a été prévenu plus tard encore que Didier Raoult, à la dernière minute. « Ma ville a été réquisitionnée », proteste-t-il. Et en plein « mois des oursins », qui draine, chaque année, touristes et gourmets autour de sympathiques tablées en plein air. Maintenant que toutes les télévisions ont filmé l'Airbus des contagieux fendant le ciel depuis le marché aux poissons de Wuhan, les « oursinades » sont fichues. « Pourquoi nous… ? » se lamente monsieur le maire.

« Il fallait un lieu agréable et un endroit avec suffisamment de place », explique aimablement quelques heures plus tard à la télévision le DGS Jérôme Salomon. Pas plus que sa ministre Agnès Buzyn, il ne cite parmi les critères retenus la proximité de Carry-le-Rouet avec l'IHU de Didier Raoult. Et pour cause, nul n'y a pensé ou n'a voulu y penser. Le Marseillais n'a pas besoin de développer ses tendances paranoïaques pour s'imaginer qu'en haut lieu son Institut n'est toujours pas revenu en odeur de sainteté. Sur le fond, pourtant, il tient un discours identique à la plupart des médecins et des scientifiques. En plus échevelé, bien sûr. Mais, qu'il sache, personne ne lui a encore reproché d'être entré en dissidence. Au contraire, l'entretien qu'il accorde à l'interviewer, toujours aussi invisible et déférent, pour la vidéo qu'il met en ligne au soir du camouflet ne laisse rien transparaître de son dépit.

« Professeur, pourquoi les Français rapatriés de Wuhan l'ont-ils été dans les Bouches-du-Rhône ? » demande la voix sans visage. « Naturel ! répond Didier Raoult. Je crois que le seul Institut susceptible actuellement de prendre en charge des patients dans le cadre d'une épidémie de maladies infectieuses se trouve à Marseille, que c'est l'Institut Méditerranée Infection. Il a coûté 100 millions d'euros à ce pays, on est typiquement dans la raison pour laquelle ce bâtiment a été construit. Le gouvernement a pris une décision sage sur le plan de la sécurité du territoire, celle d'emmener les gens à proximité de l'endroit où on a le plus de compétences et de moyens. »

Cela s'appelle réécrire l'histoire, mais il n'est pas encore né celui ou celle qui effacera Raoult de la photo. Son émission « Nous avons le droit d'être intelligents » a gagné en audience. Du coup, la presse nationale titre sur « celui dont l'équipe veille sur les familles retenues en quarantaine à Carry-le-Rouet ». Ce qui lui fait chaud au cœur puisque, jusqu'à présent, on a beaucoup entendu Yazdan Yazdanpanah, le chef du service des maladies infectieuses à l'hôpital Bichat où sont soignés les tout premiers malades dépistés en France. Raoult a appris que ce gastro-entérologue, un « proche du DGS, Jérôme Salomon » maugrée-t-il, fait partie de ceux qui ont empêché l'opération de tests dans la carlingue, en s'interrogeant sur le protocole proposé par l'IHU pour les rapatriés.

Quelques semaines plus tard, c'est sur le *Charles de Gaulle* qu'on l'empêchera de monter. Le Covid vient de s'inviter à bord du porte-avions et le patron de l'IHU propose de dépêcher ses biologistes pour aller tester l'équipage. Ce n'est pas lui qu'on choisit. Lui interdire l'accès du navire amiral de la Royale, lui, fils d'un médecin de Santé navale ! Si ce n'est pas une humiliation… Didier Raoult rentre ses colères, mais décide de conserver précieusement toutes les pièces administratives réclamées par les autorités depuis le début de la crise, comme s'il pensait déjà à l'usage qu'un jour il ferait de ces affronts.

14

LA « CHLORO »

Ce 25 février, à midi, Didier Raoult déboule dans le grand amphi de l'IHU. Comme tous les mardis, c'est « staff de microbiologie » : rassemblement des internes et des chercheurs. Présentation de cas cliniques. Point sur les *work in progress*. C'est rare, le patron sourit. Autre détail bizarre, il n'a pas enfilé l'une des blouses blanches posées en pile sur son bureau. Il porte une veste noire sur un pantalon assorti, et cette tenue de ville lui donnerait presque des airs d'Albus Dumbledore, le professeur de sorcellerie dans *Harry Potter*. Surtout qu'il se tient devant ce fameux pupitre faussement antique : « l'autel », comme on dit à l'IHU. Le boss paraît un brin essoufflé, mais son œil brille plus que d'ordinaire. Et à peine sur l'estrade, il annonce, sans reprendre sa respiration, « un scoop de dernière minute, une nouvelle très importante. Les Chinois, qui sont ceux qui vont le plus vite, qui sont les plus pragmatiques… Ils ont trouvé que, sur leur nouveau corona, la chloroquine est active in vitro », c'est-à-dire en laboratoire. Frémissements dans l'auditoire, allongé à la grecque sur de larges gradins comme les disciples de Platon à l'Académie d'Athènes. « Ça vient de sortir, poursuit Raoult. Avec 500 mg de chloroquine par jour pendant dix jours, il y a une amélioration spectaculaire. C'est probablement l'infection respiratoire la plus facile à traiter de toutes. » Rires courtisans dans l'assistance. Et soulagés. Car si la France a répertorié seulement 12 cas, de l'autre côté des Alpes, en Italie, la menace se précise et une dizaine de communes ont été placées en quarantaine. Mais le professeur le dit : tout cela ne sera bientôt qu'un mauvais souvenir.

L'amphithéâtre de l'IHU expérimente avant tout le monde les effets de l'optimisme. Le Covid 19, *infection la plus facile à traiter* ! « Pas la peine de s'exciter pour trouver des vaccins dans dix ans », dit Super Raoult à l'assistance tout ouïe. La Chine, dont les chaînes de télé l'ont d'ailleurs déjà « interviewé » pour lui demander ses « conseils » en la matière, est championne du *repositioning*. Ses scientifiques savent utiliser des « molécules anciennes, connues, sans problème de toxicité ». Ils ont « testé la chloroquine » sur le coronavirus. Et ça marche, c'est même « recommandé » pour tous les cas cliniquement positifs. « Donc, conclut Raoult presque hilare, il faut tra-vail-ler, voir les molécules potentiellement actives et immédiatement disponibles sur le marché. »

Avant de descendre de son estrade pour retourner dans ses bureaux, il s'autorise sous les rires une dernière pirouette : « La seule chose que je dis, c'est : faites attention, il n'y aura bientôt plus de chloroquine dans les pharmacies… »

L'annonce faite par Didier Raoult a duré une minute quarante-cinq secondes. Mais elle a été filmée en bonne et due forme par son service de communication et, dès quinze heures, le site de l'IHU la met en ligne. « Coronavirus : fin de partie ! » C'est son titre, et sur les réseaux sociaux, ça buzze déjà. Les journalistes veulent savoir d'où le professeur tient son « scoop mondial ». De deux sources, répond-il en substance. Premièrement, le test in vitro dont il vient de parler dans sa vidéo ; deuzio, d'un essai clinique, in vivo celui-là, dont il n'a pas fait état mais qui a été publié dans la revue *BioScience Trends*. Trois pharmacologues chinois y évoquent l'essai clinique qu'ils ont mené sur plus de 100 patients dans 10 hôpitaux, dont celui de Wuhan. Selon eux « pour contenir l'évolution de la pneumonie [due au coronavirus], améliorer l'état des poumons, et raccourcir la durée de la maladie, le phosphate de chloroquine est le plus efficace ». Dans quelles proportions par rapport à un autre traitement ? « La brève étude ne quantifie pas cette différence d'efficacité », note l'Agence France-Presse dans sa dépêche de dix-neuf heures. Brève étude ? Pour se la procurer, une journaliste scientifique du *Figaro* a elle aussi contacté Didier Raoult. Elle veut regarder les « données brutes » avant d'écrire son papier. Mais auprès de l'IHU, elle n'obtient rien de plus que la courte « communication » des trois chercheurs chinois. L'instance suprême, le professeur Zhong, n'a pas encore commenté ces essais cliniques. Et aucun autre document n'est disponible. Pourtant, l'admirateur marseillais de l'infectiologue du parti communiste n'a pas résisté à l'envie de lui brûler la politesse et de partager l'« excellente nouvelle » : un « vieux » médicament « pas cher » soigne le Covid.

En vingt-quatre heures, la vidéo « Fin de partie ! » est regardée plus de 200 000 fois (aujourd'hui, elle atteint presque un million de vues). Hallucinant. Surtout pour un médecin ou un spécialiste des bactéries. Jusque-là, les entretiens du professeur Raoult dans « Nous avons le droit d'être intelligents » avaient surtout intéressé les mordus d'infectiologie ou les professionnels. Et soudain, ce 25 février, les néophytes affluent sur la chaîne de l'IHU. Qui est ce type ? se demandent ces nouveaux venus dans le monde de Didier Raoult.

Ils voient les cheveux, bien sûr, la barbe, la blouse blanche renfilée dès la sortie de l'amphithéâtre pour se livrer le soir même à un autre jeu de questions-réponses avec son faire-valoir : « Professeur, concernant le coronavirus, que pensez-vous du risque actuel d'une pandémie ? » « Le nombre de cas semble progressivement diminuer en Chine », assure le microbiologiste, et pour que ce nouveau coronavirus « influe sur la statistique de la mortalité en France, il va falloir que les choses changent beaucoup ».

Justement, quelque chose vient de changer : dans la journée, un enseignant de l'Oise est mort à l'hôpital parisien de la Salpêtrière. La première victime française du Covid qui ne revient pas de Chine et n'a voyagé dans aucune zone à risque. Le virus a pénétré dans le pays. La France est en train de doucement basculer. Didier Raoult n'a pas encore pris la mesure du danger, comme la plupart de ses collègues et évidemment de ses abonnés qui, au fil des heures, croissent et se multiplient. Les plus observateurs repèrent la bague à tête de mort qu'il porte au petit doigt de sa main droite et qui, autant que sa coiffure, signe le rebelle qui cohabite avec le mandarin. Certains lui trouvent des airs d'Iggy Pop, de Panoramix, voire de Patrick Sébastien. D'autres l'appellent déjà le « savant de Marseille » et se laissent bercer par sa voix doctorale à l'accent à peine chantant, le débit à flot continu de ses paroles, son phrasé tranquille enrobant ensemble les mots les plus cash et les digressions scientifiques. Dans le rôle de l'original qui rassure ou celui du gourou en puissance, « le professeur Raoult » entre dans la vie des Français presque par effraction.

Il n'a pas oublié les mauvaises manières de la ministre de la Santé à Carry-le-Rouet, un mois plus tôt. Entre-temps, Agnès Buzyn est partie remplacer au pied levé Benjamin Griveaux, le candidat de la majorité présidentielle à la mairie de Paris, emporté dans une mini-affaire de sextape mise en ligne par un activiste russe (le monde d'avant le Covid). Mais, avant de se lancer dans la bagarre électorale, cela n'a pas échappé à Raoult, elle a annoncé que le réseau REACTing, un consortium de recherche sur les maladies infectieuses émergentes, allait se mobiliser contre le coronavirus. REACTing est piloté notamment par l'Inserm, et l'un de ses principaux responsables s'appelle Yazdan Yazdanpanah, chef de service à Bichat.

Bref, c'est tout sauf « la bande à Raoult » qui commence à occuper les premières places. D'où la vidéo choc du 25 février. Pas orthodoxe ? Le Marseillais s'en fout, comme d'hab. Il les voit se pincer le nez, ses détracteurs : a-t-on idée de faire de la « communication scientifique » via YouTube ? Et ce titre « Fin de partie » ! La « provoc » de Raoult, ça suffit. Et encore, tous ces indignés ne peuvent pas imaginer que le patron de l'IHU a voulu intituler sa première émission sur le Covid : « Trois Chinois meurent, je m'en tape ». Le biochimiste Éric Chabrière, chef de l'incubateur à start-up de l'IHU, raconte l'avoir arrêté in extremis. Et pourtant Dieu sait que le spécialiste des gaz neurotoxiques n'a jamais peur d'aller à la castagne pour défendre le patron. Il est la face offensive de la com Raoult.

L'« institutionnelle » est réservée à un jeune homme policé, Yanis Roussel, natif du Morbihan, arrivé trois ans plus tôt à Marseille, master de politique européenne en poche, et recruté à l'IHU pour gérer les contrats de recherche. Le professeur lui a trouvé un petit coin dans la pièce contiguë à son bureau pour travailler (sous son autorité) à une thèse sur l'histoire de la recherche médicale. Roussel est aussi un macroniste de la toute première heure, premier adhérent du parti présidentiel dans le quartier du centre-ville où il vient de s'installer. Il a déjà été suppléant d'une députée de la République en marche et figure désormais sur la liste du « marcheur » qui vise la mairie de Marseille, Yvon Berland, un néphrologue que l'ancien chiraquien Didier Raoult avait aidé, en son temps, à devenir président de l'université. Bien qu'œcuménique, le monde du professeur est petit, en tout cas en politique. Et Yanis, surnommé « Mistigri », croule sous le boulot. Maintenant que la bombe chloroquine est lâchée, son téléphone menace d'imploser sous les appels des journalistes. Il doit délaisser ses travaux de recherche. Le voilà webmaster de son chef de thèse Didier Raoult. L'intervieweur mystérieux qui pose des questions dans « Nous avons le droit d'être intelligents », c'est lui.

« Professeur, pourquoi tant de haine contre la chloroquine ? » lui demande-t-il sur YouTube dès que naissent les premières réserves. La première étude citée par Raoult, relèvent les spécialistes, montre que la molécule combat le virus mais seulement in vitro, sur des échantillons en laboratoire. Quant à la seconde, celle des trois Chinois, elle porte sur « trop peu de patients » – 100 –, et n'est qu'une « simple note », pas un « vrai » article scientifique. « Personne n'a accès aux résultats », s'étonne le professeur Bruno Hoen, infectiologue à la Pitié-Salpêtrière. « Un médecin doit être comme saint Thomas, se permet aussi de relever son collègue de Bichat, Xavier Lescure. Il doit s'appuyer sur des faits et là je n'en vois pas la couleur. J'attends les preuves. »

Le ministère de la Santé ne sonne pas non plus l'hallali. Olivier Véran, qui a remplacé Agnès Buzyn, a eu une délicate attention pour Didier Raoult. La veille de la passation de pouvoir, le 17 février, il lui a passé un coup de téléphone de courtoisie et a choisi de le tutoyer, l'usage chez les toubibs. Il faut dire que le nouveau ministre a été entre 2012 et 2015 le suppléant à l'Assemblée nationale de Geneviève Fioraso, la ministre socialiste qui avait volé au secours du Marseillais lors de la création de l'IHU et qui siège désormais au conseil d'administration de l'Institut. Au sujet du remède prôné par Didier Raoult, le ministère de la Santé allume cependant ses warnings sur son site et sur son compte Twitter : « Aucune étude rigoureuse, publiée dans une revue internationale à comité de lecture indépendant, ne démontre l'efficacité de la #chloroquine (Nivaquine) pour lutter contre l'infection au #CoronavirusFrance chez l'être humain. » L'Inserm publie également une mise au point : « il est primordial d'avoir une visibilité sur des données issues d'essais cliniques publiées et donc rendues accessibles à la communauté scientifique internationale ».

Plus tard l'un des proches de Didier Raoult à l'IHU, Bernard La Scola – le codécouvreur du fameux virus géant –, confiera avoir douté, au moins au tout début, de la pertinence de ces travaux chinois, principalement basés sur des études in vitro. Difficile « d'extrapoler sur du vivant » aussi vite. Mais le patron est sûr de lui.

De la chloroquine, il est l'encyclopédie vivante. « J'ai été le premier, détaille-t-il dans ses vidéos, à utiliser ce médicament dans le traitement des maladies infectieuses aiguës, en particulier pour les bactéries intracellulaires dont on n'arrivait pas à éradiquer les microbes. Pour la fièvre Q et la maladie de Whipple, j'ai suivi personnellement 4 000 patients. » Il a surtout donné de sa personne et avalé à Dakar et jusqu'à l'âge de six ans ses comprimés de Nivaquine – l'une des formes commercialisées de la molécule – en prévention du paludisme. « J'en bouffais tous les jours. Comme tous les Africains et tous les gens qui allaient dans des pays chauds pendant leur séjour, et deux mois après leur retour », raconte-t-il (sans préciser qu'il ne s'agissait pas des mêmes doses). Le général, résume le colonel Michel Drancourt, a une « connaissance viscérale, et même anthropophage de la chloro ». Et ce remède est si courant que jusqu'en 2019 il était en vente libre – les gens s'en servaient parfois pour se suicider, une boîte et c'était fini, comme le Doliprane, dit Philippe Parola, l'infectiologue de l'IHU et parfois le médecin des soldats de la Légion étrangère, eux aussi gavés de Nivaquine lors de leurs opérations extérieures en Afrique.

« C'est dans les vieux pots qu'on fait les meilleures soupes », dit souvent Didier Raoult. La « chloro » est presque aussi vieille que les microbes. Il y a quatre siècles déjà, dans les Andes, on extrayait son principal composant, la quinine, d'un arbuste à feuilles luisantes et grasses : le quinquina. Cette « écorce des Indiens » a guéri l'épouse du vice-roi du Pérou de la fièvre, puis, en 1630, des missionnaires espagnols l'ont distribuée sous le nom de « poudre des jésuites ». D'Espagne, le remède s'est répandu dans toutes les cours royales d'Europe. Louis XIV a même fini par en acheter le secret, que La Fontaine a immortalisé dans ses vers (tout en cirant les bottes de son monarque) :

Le quina s'offre à vous, usez de ses trésors.
Éternisez mon nom, qu'un jour on puisse dire :
« Le chantre de ce bois sut choisir ses sujets. »

Et si le roi Raoult avait trouvé lui aussi trouvé la potion magique ? Hors profession médicale, ses premiers fans en sont déjà certains. Dans les couloirs des hôpitaux aussi, de grands professeurs se prennent à espérer, sans trop le crier sur le toit, que ce médicament puisse siffler la « fin de partie ». Attention, titre « trompeur » estime pourtant prudent de signaler sur le site du *Monde* l'équipe des « Décodeurs » en alertant aussi Facebook, avec lequel ces fact-checkeurs ont noué un partenariat pour lutter contre les fausses informations. À l'IHU, lorsque le chargé de communication Yanis Roussel découvre la mise en garde sur son ordinateur, il appelle aussitôt le journal. Le coup de fil est rugueux. L'avertissement du *Monde* est retiré quand l'IHU transforme son « Fin de partie ! » à point d'exclamation en un « Vers une sortie de crise ? », avec un point d'interrogation. À ses abonnés, Didier Raoult raconte aussitôt que la vidéo a été qualifiée par *Le Monde* de *fake news* (ce qui est faux) tout en se frottant les mains : « Ça nous a donné une publicité considérable… » Un peu plus tard, il explique aussi : « la labellisation *fake news* est parfois l'arme désespérée de certains médias pour continuer à exister ». L'ex-chroniqueur du *Figaro*, du *Point* et des *Échos* commence à mordre les mains qui l'ont nourri. Il n'aime la presse que lorsqu'elle l'encense. Il a surtout compris, comme tant d'hommes politiques, qu'il faut jouer en contre, là où on peut plaire à ceux qui détestent les journalistes : « Quand je fais une vidéo sur les réseaux sociaux, j'atteins trois fois le tirage du *Monde*. »

Quoi qu'ils en disent, à cette époque, les journalistes sont plus curieux qu'hostiles. La nouvelle épidémie n'occupe plus seulement les « rubricards » scientifiques. Ceux qui le découvrent vont fouiller sur le Net. Partout il est présenté comme une « sommité mondiale ». Beaucoup d'articles sont allés reprendre, sur le site de l'IHU, son éclatante bibliométrie : « Le Pr Didier Raoult figure en première position des chercheurs européens dont les publications ont été les plus citées par la communauté scientifique internationale dans le domaine des Maladies Infectieuses. » À ceux qui le suivent sur YouTube, le professeur montre sur son ordinateur comment identifier les vrais spécialistes : « Vous tapez sur Google Expertscape et vous rentrez un nom. Je suis désolé, mais je suis le premier expert. » Et quand Martin Hirsch, le patron des hôpitaux parisiens, a le malheur de rappeler que « tous les spécialistes » qu'il a consultés lui ont dit que « la chloroquine ça marche très bien dans une éprouvette, mais ça n'a jamais marché sur un être vivant », il a droit à une spéciale dédicace : « Regardez sur Wikipedia s'il vaut mieux croire M. Zhong ou s'il vaut mieux croire M. Hirsch, dont je ne suis pas sûr qu'il ait testé beaucoup de molécules. Regardez le Wikipedia de M. Zhong, celui de M. Hirsch, puis le mien, et après chacun pourra se faire une opinion. » Les autres n'ont qu'à allumer la télé ou lire les journaux pour s'entendre ou se voir traiter d'« andouilles » et de « zozos ».

Le professeur n'est pas ouvert au débat : « Les ragots des uns et des autres, je m'en fous. » Ce qui donne en marseillais : « Pour ne pas donner de la chloroquine, il faut être farci. »

15

RAOULT CHEZ MACRON

Le professeur a gardé ses tatanes aux pieds pour aller à l'Élysée, un conseiller du président l'atteste. Avec sa veste noire, sa haute taille, ses cheveux longs, ces « grolles » – désormais tendance même portées avec des chaussettes – lui donnent une allure certaine. Ce genre de détail lui passe par-dessus la tête mais bon, si ces drôles de chaussures peuvent indiquer la valeur qu'il accorde à ce rendez-vous au Château... Il ne faudrait pas qu'on s'imagine qu'il est flatté d'avoir été invité, ce 5 mars, à la première réunion d'experts ès coronavirus d'Emmanuel Macron. C'est donc l'air dégagé que Didier Raoult a pris son TGV. Il vient pour participer à ce qui deviendra une semaine plus tard le « Conseil scientifique ». Par la suite, on retiendra qu'il en est devenu l'un des membres le 12 mars pour en claquer presque aussitôt la porte. Pourtant – et sans que la presse l'ait repéré – il a assisté aux discussions préparatoires qui ont accouché de cette instance. « J'étais alors l'invité du président », dit aujourd'hui le professeur dans son *bureau du destin*.

Ce premier jeudi de mars à seize heures, en tout cas, il est là, dans le salon des Ambassadeurs. Il s'assoit en compagnie d'une vingtaine d'autres participants installés autour d'une longue table. Et il a Emmanuel Macron dans sa ligne de mire, presque en face de lui. Ce chef de l'État est le seul, depuis Chirac, à n'avoir pas encore pris la pose avec lui. Il manque à sa collection de photos encadrées et accrochées dans son bureau de l'IHU. C'est la première fois que Didier Raoult a l'occasion de l'approcher.

En cette fin d'hiver, Emmanuel Macron a décidé d'instituer un « organisme consultatif et indépendant » pour « éclairer la décision publique dans la gestion de la situation sanitaire liée au coronavirus ». La France, même si elle ne totalise « que » 5 morts, vient de franchir un cap : plus aucune région n'est épargnée par la contagion et les premiers *clusters* – les journalistes et les Français parlent désormais comme les épidémiologistes – ont fait leur apparition. En particulier à Mulhouse où, à la mi-février, plus de 2 000 chrétiens évangéliques se sont rassemblés pour une semaine de jeûne. « Le point de bascule », dira Olivier Véran quelques jours plus tard, lorsque le virus, qui se propage dans tout le pays depuis le lieu de culte alsacien, aura tué 32 adeptes.

Pour l'heure, dans le salon des Ambassadeurs, aucun des invités du Président Macron ne porte de masque. Leur usage n'est alors recommandé que pour les malades. Les autres, disent les affiches du ministère de la Santé, doivent éternuer dans leur coude et bien se laver les mains. Personne n'a eu l'idée de poser sur la table de travail des flacons de gel hydroalcoolique pour cette réunion que le chef de l'État a convoquée et dont il a suivi de près les préparatifs.

« N'oubliez pas d'inviter Raoult » plaisante-t-il depuis quelques jours devant la secrétaire générale adjointe de la présidence Anne de Bayser. Il surveille déjà depuis un moment – comment faire autrement ? – ce Marseillais qualifié de « disruptif », l'expression consacrée en macronie. Mais la haute fonctionnaire se cabre chaque fois que le chef de l'État parle de ce Raoult dont la réputation, contrastée, n'est plus à faire dans les ministères. Plus tard, quelques régionaux de l'étape, dont Renaud Muselier, raconteront s'être démenés pour pousser le patron de l'IHU dans les hautes sphères du pouvoir à coups de SMS : « Vous avez un génie, vous seriez fous de ne pas le prendre dans votre Conseil scientifique. » Le nom de Didier Raoult y a déjà été inscrit dans la boucle de mails par un ou deux conseillers de l'Élysée, dont celui qui veille sur le monde de la recherche, Thierry Coulhon. Ce mathématicien, qui a travaillé au cabinet de Valérie Pécresse, a suivi de loin, jusqu'en 2012, le grand appel à projets pour la création des IHU. Il sait que seules des « personnalités hors normes » peuvent diriger de tels établissements.

L'immunologiste Jean-François Delfraissy, pressenti pour diriger le futur Conseil scientifique, y a déjà pensé avant lui. Au chef de l'État, il tient le même discours que le conseiller recherche. D'autant qu'il connaît Didier Raoult par cœur puisque ce dernier l'a fait entrer au conseil d'administration de l'IHU de Marseille. « Dans les comités scientifiques, il faut toujours des gens un peu à part », explique-t-il à Emmanuel Macron. Raoult est un emmerdeur, et il vaut mieux l'avoir avec soi que contre soi. Il est imprévisible mais suffisamment sensible aux honneurs pour ne pas refuser l'invitation.

Pourquoi prennent-ils tant de pincettes avec le professeur ? Certes, une semaine plus tôt, il a fait sensation avec son « scoop mondial », mais il n'a pas encore déclaré les hostilités. Il vient même d'obtenir l'approbation des autorités sanitaires, en l'occurrence l'Agence nationale de sécurité du médicament (ANSM), pour commencer un essai clinique à l'IHU sur 25 patients et « prouver » que les études chinoises « disent vrai ». Pourtant, dans l'entourage d'Emmanuel Macron, ceux qui soufflent son nom ou au contraire essaient de lui barrer la route font toute une histoire de sa présence. Didier Raoult lui-même se rend à Paris (il ne dira jamais qu'il y « monte », « c'est à la même altitude que Marseille, non ? ») avec une idée déjà bien arrêtée de ce comité d'experts. D'abord, en raison de ses sempiternels automatismes. « Honnêtement, les Parisiens, je les prends pour des cons. D'ailleurs, pour dire la vérité, c'est un de mes grands défauts, je prends assez facilement les gens pour des imbéciles. » Ensuite, on ne mélange pas les torchons et les serviettes : « J'avais déjà été deux fois ou trois fois dans ce genre de trucs à Paris. Écoutez, mes ancêtres sont plus glorieux que la plupart de ces gens. L'un était un directeur de Normale sup, quand même [Gustave Lanson, le grand-oncle de sa mère]. Et mon conseil scientifique à moi, à l'IHU, c'est que des All Stars. Avec Delfraissy, je savais que j'allais me faire chier comme au lycée. » Aujourd'hui, dans son *bureau du destin*, le professeur cabotine. Mais c'est aussi un solide contentieux assaisonné d'une petite blessure d'amour-propre qui le fait parler.

Quand il prend place à la grande table, le 5 mars, il ne lui échappe pas que celui qui est assis pile en face du président de la République, ce n'est pas lui mais Jean-François Delfraissy justement. Et, alors que beaucoup voient en cet immunologiste un membre de l'Inserm, un spécialiste des questions de déontologie médicale, un ancien coordinateur de la lutte contre le virus Ebola entre la France et l'Afrique ou encore un ex-directeur de l'Agence nationale de recherches sur le sida, Raoult grommelle que « Delfraissy n'a jamais fait de science et qu'il n'y a pas un papier de lui que les gens connaissent ». Pour lui, « Jean-François » est aussi un « très grand copain de Lévy ». Lévy, Yves, le mari de Buzyn Agnès, et surtout l'ex-PDG de l'Inserm. L'homme que Raoult rend responsable de la perte des labels de l'IHU. Un autre vieux conflit vient alourdir leur rancune mutuelle : le vaccin contre le sida. Lévy, immunologiste comme Delfraissy, y croit et en a fait son domaine d'expertise. Raoult considère que ce vaccin est « un fantasme qui a déjà coûté des milliards ». Il l'a même dézingué devant le président Chirac, ce que Lévy ne lui a jamais pardonné. D'autant que Raoult n'a jamais fait partie de ceux qui ont affronté le VIH à ses heures les plus sombres. À l'époque, il était aux États-Unis en stage « post doc ». À son retour, il a pris sa part, mais en seconde ligne, à l'hôpital Houphouët-Boigny, côté malades. Il n'est pas pionnier. Il n'appartient pas à cette sorte d'aristocratie où se sont tissées des solidarités militantes, disent ceux qui en étaient – des « clans », rectifient les exclus. Raoult est persuadé de voir encore ces réseaux à l'œuvre dans les salons de l'Élysée, ce 5 mars. Pour mettre au jour leurs ramifications, il estime qu'il lui suffit de tirer le fil.

Ainsi il a repéré, au bout de la table, Yazdan Yazdanpanah. Aussitôt, il se refait l'intégralité du CV du chef de service de l'hôpital Bichat : 1/ce professeur en maladies infectieuses a failli, en 2016, remplacer Delfraissy à la tête de l'Agence nationale de recherches sur le sida, nomination bloquée en raison de ses liens d'intérêts avec plusieurs laboratoires pharmaceutiques ; 2/ il a également des responsabilités à l'Inserm ; 3/ il dirige le consortium de recherche REACTing, dont Delfraissy et Lévy ont été, en 2013, parmi les initiateurs, un consortium avec lequel sont liés 8 membres sur 10 du futur Conseil scientifique et qui va bientôt être chargé de coordonner les essais sur les différents traitements du Covid en concurrence. Rien de très étonnant puisque REACTing est une émanation de l'Inserm, un organisme public ! Mais c'est aussi cet organisme qui a retiré son label au pôle de recherche de l'IHU de Marseille, et l'a de fait privé d'une reconnaissance indiscutable. Et c'est encore REACTing qui, consulté par le DGS Jérôme Salomon, a donné un avis négatif sur le protocole de l'IHU pour les rapatriés de Wuhan. Didier Raoult rumine, ressasse. Il tisse aussi l'écheveau dont s'empareront bientôt tous ceux qui voient dans les échecs de la chloroquine les résultats d'un complot.

Il faut dire que ce 5 mars, et cela aussi est resté en dehors des radars, l'Élysée a également convié plusieurs représentants de l'industrie pharmaceutique, dont David Loew, le patron mondial de Sanofi Pasteur, le labo qui distribue l'un des dérivés de la chloroquine, le Plaquénil, et Michel Joly, le président pour la France de Gilead qui, lui, commercialise le Remdesivir, autre médicament alors en vedette pour un possible traitement contre le coronavirus. Évidemment, c'est le deuxième PDG qui retient toute l'attention du patron de l'IHU. Oubliant que le vendeur de chloroquine a aussi une place autour de la table, il se fixe sur le VRP du Remdesivir. Non sans raison.

En ce début mars, le Haut Conseil de la santé publique recommande, pour les formes les plus sévères du Covid, l'administration par voie intraveineuse de cet antiviral dont Didier Raoult est déjà – et avant beaucoup d'autres – persuadé de l'inutilité, voire de la dangerosité. « Sur le plan thérapeutique, dit-il, ce que l'on est en train de voir, c'est que les malades, au moment où ils ont une insuffisance respiratoire et qu'ils entrent en réanimation, n'ont presque plus de virus. C'est alors trop tard pour traiter les gens avec des antiviraux. » Le Remdesivir a déjà été utilisé contre d'autres coronavirus, le MERS notamment, ou contre Ebola (sans succès). « Gilead a financé la moitié des infectiologues de ce pays », accuse Raoult, qui traque régulièrement leurs liens d'intérêts sur son ordinateur dans la base de données Transparence Santé ou celle d'EurosForDocs qui visualise le lobbying des big pharmas. Il y a lu que Yazdan Yazdanpanah a siégé au *board* de Gilead entre septembre 2014 et juin 2016. Ce dernier explique avoir « décidé d'arrêter [ses] liens d'intérêts » en prenant des responsabilités à l'Inserm, en 2017. Selon lui, cela suffit pour qu'il ne se retire pas du débat, toujours en cours, sur l'efficacité du Remdesivir dans le traitement du Covid-19. Raoult rétorque que l'engouement européen pour ce médicament est le résultat de la stratégie d'« influence » minutieusement menée par son fabricant au service d'un « pur jeu boursier ».

À l'Élysée, il a aussi dans le collimateur l'épidémiologiste de l'Institut Pasteur Arnaud Fontanet, qui lors de la réunion se montre le plus alarmiste (et à l'arrivée l'un des plus lucides). Ce « pasteurien » voit depuis un mois passer les alertes lancées par le doyen de la faculté de médecine de Hong Kong, Gabriel Leung. Dès la fin janvier, ce professeur, épidémiologiste comme Fontanet, a prévenu que le gouvernement chinois sous-estimait largement les chiffres de contamination : « Deux tiers de la planète pourraient se trouver menacés par cette nouvelle épidémie. » Dans un papier du *Lancet*, le doyen a aussi évoqué un « R » (un taux de reproduction) de 2,7, et c'est ce chiffre qui obsède Arnaud Fontanet ce 5 mars. Avec « un taux de létalité autour de 0,5 % », explique-t-il au président Macron, on peut s'attendre à ce que la France connaisse de « 100 000 à 300 000 morts ». Fontanet a déjà eu vent des modélisations de l'un de ses collègues de l'Imperial College, à Londres, Neil Ferguson (celui qui finira par convaincre le Premier ministre anglais, Boris Johnson, d'instaurer un confinement). Le Britannique n'exclut pas que le Covid-19 puisse causer plusieurs centaines de milliers de morts dans son pays. Or, la population de la France est à peu près la même que celle du Royaume-Uni et leurs pyramides des âges sont semblables. Devant Emmanuel Macron et les experts réunis à l'Élysée, Arnaud Fontanet prend les projections de Neil Ferguson au sérieux.

Pfff, fait Raoult. Cet Anglais ? « Le délire en chef !

C'est lui qui depuis la vache folle prédit à chaque fois des millions de morts. Même chose pour la grippe aviaire, ça ne marche jamais mais à chaque fois, à chaque fois, il recommence ! Pour moi, c'est de la sorcellerie. » Raoult a toujours été en désaccord avec ces épidémiologistes qui travaillent sur des modèles de simulation (il les appelle « les modélisateurs d'avenir »). Il les accuse de chercher « des prédictions » dans leurs algorithmes comme jadis les Romains « dans les foies de volailles et les entrailles d'animaux sacrifiés ». Leurs projections mathématiques, dit-il, ne riment à rien : « La météo, au moins, ils ont des séquences connues, ils comparent des phénomènes qui se sont passés de manière semblable deux jours de suite, et après ils peuvent expliquer : le troisième jour dans 60 % des cas il y a ça, dans 30 % il y a ça, etc. Mais pour les épidémies… » Aucun calcul ne vaut l'observation de terrain. « Dans mon journal, lance-t-il autour de la table élyséenne sans que personne ne voie très bien de quel journal il parle, je n'ai jamais publié de modélisateurs. » Puis il ajoute en lorgnant vers Fontanet : « Moi, je ne fais pas d'astrologie. » Traiter un membre de l'Institut Pasteur d'astrologue devant le président de la République, il fallait oser.

Cela étant dit, cette réunion s'éternise. Et Didier Raoult n'attend plus qu'une chose : le moment où il pourra croiser seul à seul Emmanuel Macron. Quand la séance de travail est enfin levée, les huissiers médusés aperçoivent cet homme « en tatanes » s'attarder près du salon Murat, sur les tapis du salon des Aides de camp, et rôder autour du chef de l'État. Ça y est, il a noué le contact. Ne reste plus qu'à prendre la photo.

Une semaine plus tard, le 12 mars, le Comité scientifique

est officiellement installé. Le professeur Raoult en est, mais il ne prend même pas la peine d'attraper un TGV et assiste à la rencontre au téléphone, depuis Marseille. Dans la foulée, il prévient Delfraissy qu'il ne mettra plus un pied dans ces réunions puisque « tout le monde est d'accord sur tout ». L'unanimité, que le commun des mortels cherche à atteindre pour résoudre les problèmes, très peu pour lui. Quel que soit le sujet, il en fait un principe, à moins qu'il ne s'agisse d'une manie. « Pour suivre le troupeau, dit-il, des jambes suffisent, pas besoin de cerveau. » Le 30 avril, dans *Paris-Match*, il cède à une autre de ses marottes : « Le consensus, c'est Pétain. Insupportable. On ne peut pas décider de cette manière. » Aujourd'hui, dans son *bureau du destin*, presque au bord de l'introspection, il dit : « Je ne suis pas suffisamment mégalo pour croire que je pouvais tous les mettre KO, alors je suis parti. »

Le 5 mars, dès son retour à l'IHU, il cloue en tout cas la photo de lui avec Macron – à croire qu'il n'est venu que pour ça – sous celle avec François Hollande, sur le mur face à lui. Son trophée, comme un grigri porte-bonheur pour la nouvelle mission qu'il s'est fixée.

16

LE COUP DE FORCE

À peine revenu de sa virée à l'Élysée, Didier Raoult s'est aussitôt remis au « travail ». Que les autres « réunionnent » entre eux ; lui a la chloroquine et soignera les malades. Il a relu le serment d'Hippocrate qu'il a prêté il y a trente ans pour exercer la médecine :

Je ne tromperai jamais la confiance des patients et n'exploiterai pas le pouvoir hérité des circonstances pour forcer les consciences.

Je donnerai mes soins à l'indigent et à quiconque me les demandera.

Je ne me laisserai pas influencer par la soif du gain ou la recherche de la gloire…

« Donner des soins » : du serment, c'est ce qu'il a retenu depuis son retour de Paris. Car en cette mi-mars, il est à la veille de révéler les résultats de l'essai clinique que l'Agence nationale de sécurité du médicament l'a autorisé à mener après la révélation de son « scoop mondial » sur la chloroquine. Certes l'essai ne porte que sur « 26 patients », et le ministère de la Santé a réitéré ses appels à la prudence. Il n'empêche, toute la France a le regard tourné vers la « cité phocéenne » et son professeur. « Le Druide » ! C'est ainsi qu'à Marseille on commence à le surnommer. Pour certains, c'est un sarcasme, pour d'autres un hommage. Au milieu sont ceux qui attendent en croisant les doigts. Pourvu que ça marche…

Ce n'est pas encore la panique. Juste une inquiétude, qui flotte dans les rues et au-dessus des terrasses toujours bondées. Le 7 mars, le président Macron s'est encore montré au théâtre avec son épouse. « La vie continue. » Sauf que le lendemain, le sinistre compteur de la direction générale de la Santé (dont on n'a pas fini d'entendre parler) affiche 1 000 cas de contamination. Soudain les rassemblements sont interdits, puis les visites dans les Ehpad. Un cluster dans l'Oise, la fermeture des écoles et, deux jours plus tard, de tous les lieux publics « non indispensables ». Alerte, dit aussi l'OMS le 11 mars : l'épidémie est passée au stade de la « pandémie », les gouvernements doivent agir. En France, quelques voix s'élèvent pour demander le report des élections municipales mais le premier tour du 15 mars est maintenu. Le soir même, pourtant, il devient évident que la France va, comme l'Italie, devoir se confiner. Et le lendemain 16 mars, tout le monde attend le discours d'Emmanuel Macron, prévu pour le soir à vingt heures.

Le professeur parlera avant le chef de l'État. Ainsi l'a décidé Didier Raoult, qui a calé son allocution pour le milieu d'après-midi. Il brûle d'autant plus d'annoncer les conclusions de son étude que, cinq jours auparavant, il a encore essuyé sinon un affront – ce n'est pas le genre de mot qu'il utilise –, au moins un tir de barrage. En artilleurs en chef, il imagine Jean-François Delfraissy, toujours membre du conseil d'administration de l'IHU, mais qu'il classe désormais dans le camp de l'ennemi, et Yazdan Yazdanpanah, son autre bête noire. Le premier préside maintenant, outre le Conseil scientifique de l'Élysée, le consortium REACTing piloté par l'Inserm. Le deuxième le dirige. Or, sur la liste des substances retenues pour un grand test à l'échelle nationale, baptisé Discovery, figurent : le lopinavir, le ritonavir, l'interféron bêta et le remdesivir. Mais pas de chloroquine à cause, dit le professeur Yazdanpanah, de ses « effets secondaires ». Un argument sur lequel Didier Raoult rebondit aussitôt en le poussant jusqu'au paroxysme : « On nous dit que la chloroquine est un danger extrême, un poison [c'est ainsi qu'il traduit "effets secondaires"], alors que plus d'un milliard de personnes en ont mangé dans le monde pendant parfois trente ans ! » Il assaisonne aussi son indignation de mystère avec des phrases comme : « Ça laisse rêveur, que des gens parlent de la toxicité de ce médicament au moment où on en a besoin. Absolument étonnant. » Ou : « Je ne sais pas d'où ça vient ces fantômes que l'on agite, peut-être qu'un jour on saura. »

Le 16 mars, le voilà donc qui, avant vingt heures, sort son deuxième scoop : contre le Covid, la chloroquine n'est pas seulement efficace in vitro, mais aussi in vivo. PowerPoint à l'appui, devant des étudiants auxquels il a encore réservé son « exclu » plutôt que de publier un article scientifique ou médical, il explique que six jours après avoir reçu leur traitement, seuls 25 % des patients de son essai clinique sont encore porteurs du virus. « C'est spectaculaire » car « la charge virale moyenne avec ce virus est normalement de vingt jours ». Son topo, qui se clôt sous les applaudissements, a été filmé comme il se doit. Et la vidéo – qui cumulera 1,3 million de vues en quelques jours – est déjà en ligne lorsque, le 17 mars, au lendemain du discours télévisé d'Emmanuel Macron, la France entre dans son premier confinement. « Nous sommes en guerre », dit désormais le président. J'ai les armes, lui répond en substance le professeur.

Sa voix couvre encore les réactions suscitées par son essai clinique. Les plus optimistes ou indulgents de ses confrères estiment les résultats encourageants mais non suffisants. Les plus remontés soulignent qu'aucun « comité de lecture » n'a apprécié le sérieux de l'étude avant qu'elle soit rendue publique. Et pour cause, disent-ils, la méthodologie est hors des clous. Pas de « groupe placebo » pour évaluer les effets du traitement, et surtout trop peu de patients pour quantifier les risques dus aux « effets secondaires ». Didier Raoult réplique qu'il n'a eu nul besoin de groupe témoin : « Nous avons mesuré la charge virale, on voit qu'elle baisse, donc c'est que ça marche. » La faible amplitude de l'essai ? « C'est contre-intuitif, mais plus l'échantillon d'un test clinique est faible, plus ses résultats sont significatifs », affirme-t-il en faisant se dresser les cheveux sur la tête des statisticiens.

Le professeur a déjà tranché : « Il ne faut plus chercher midi à quatorze heures, contre le coronavirus, le plus simple, c'est l'hydroxychloroquine ». L'« hydro » ? Oui, car dans son essai, il a discrètement remplacé la chloroquine, testée par les Chinois en février et connue sous la bonne vieille appellation de Nivaquine, par un dérivé commercialisé en France sous le nom de Plaquénil et indiqué notamment pour des polyarthrites rhumatoïdes ou des lupus, ces affections de la peau provoquées par un désordre immunitaire. Raoult explique que cet antiviral lui est tout aussi familier que l'antipaludéen de son enfance dakaroise : il l'a couché sur ses ordonnances des milliers de fois. Chloroquine ou hydroxychloroquine, les molécules sont proches mais le second médicament est réputé générer moins d'effets secondaires. Dans son protocole de soins, l'IHU ajoute aussi un antibiotique, l'azithromycine, pour lutter contre les surinfections qui se développent lors des formes sévères du Covid.

Les annonces du patron de l'IHU ont une conséquence immédiate : dans les pharmacies de ville ou dans celles des hôpitaux, les réserves de Plaquénil fondent comme neige au soleil. Il y a dans l'air comme un parfum de « sauve qui peut ». Et de ressentiment.

Le pouvoir s'est trompé en ne reportant pas le premier tour des élections. Des assesseurs contaminés lors du scrutin veulent saisir les tribunaux, comme ces soignants ou ces policiers infectés qui réclament des masques depuis des semaines. Les syndicats sont derrière eux. Pour les « citoyens lambda », des pétitions – « Vos décisions, nos vies… Non, on n'oubliera pas nos morts ! » – tournent sur le Net accompagnées de formulaires de plaintes prérédigées (et bientôt téléchargés à plus d'un million d'exemplaires). La révolte, relayée par Bruno Gaccio, l'ex-auteur des « Guignols de l'info » devenu soutien des Gilets jaunes, agrège des « insoumis », des lepénistes, des sans-étiquette, transcendant clivages politiques et professions. Et les procédures sont déjà entamées pour demander le renvoi devant la Cour de justice d'Édouard Philippe, d'Agnès Buzyn ou d'Olivier Véran. Très vite, près de six cents plaignants se regroupent dans un collectif, et leur avocat, Fabrice Di Vizio, commence à apparaître sur les plateaux télé. Ex-secrétaire national du Forum des républicains sociaux devenu le Parti chrétien-démocrate de Christine Boutin, ce spécialiste des questions de santé, partisan acharné de la médecine libérale, ira bientôt défendre Didier Raoult devant le conseil de l'Ordre, les tribunaux ou chez Cyril Hanouna.

En cette mi-mars son célèbre client marseillais ne peut, en tout cas, pas se permettre – même s'il ose beaucoup – d'accuser le gouvernement d'inertie. Il a traité d'« astrologues » ceux qui sonnaient l'alarme. Il continue de croire que « pour l'instant, on a plus de chance de mourir d'autre chose que du Covid-19 ». Dans la décision de confiner les Français, il ne voit qu'« un soufflet anxiogène » et une absence de courage : « Tout le monde perd ses nerfs. » La quarantaine, on a connu ça à Marseille, mais, ajoute-t-il en vieux routard du microbe, « c'était au XVe et au XVIe siècle et je vous assure que ça n'a pas marché ». Il conseille de « relire *Le Hussard sur le toit* de Giono » pour comprendre le désordre que peut engendrer la peur.

À l'IHU, au contraire, tout est parfaitement organisé. Et nombreux sont les élus de la région qui en témoignent dans les médias. Ils défilent surtout pour vanter les bienfaits du protocole Raoult. La plupart émargent chez Les Républicains. La chloroquine est-elle « un médicament de droite » ? s'interrogent doctement les éditorialistes. C'est surtout que deux députés LR des Bouches-du-Rhône, Guy Tessier et

Valérie Boyer, ont importé le Covid du cluster formé autour du 5 mars à l'Assemblée nationale. « Tessier et Boyer, les deux pangolins de Marseille », s'amuse-t-on dans les réunions postmunicipales, avant de réaliser qu'entre les maires de secteur, les parlementaires, les adjoints ou les conseillers qui se sont activés pour soutenir Martine Vassal, leur candidate à la mairie, l'infection a gagné une bonne partie de la droite marseillaise : à eux seuls, ses élus représentent plus de 5 % des cas de contamination recensés dans les Bouches-du-Rhône, calcule *La Provence*. La gauche locale semble moins sensible au virus (il faut dire que son seul député, Jean-Luc Mélenchon, a boudé la campagne des municipales) et La République en marche ne déclare qu'un cas : celui d'Yvon Berland, la tête de liste du parti présidentiel qui avait embarqué sur sa liste Yanis Roussel, le « mistigri » de l'IHU.

Le néphrologue, ex-président de l'université, a aussitôt appelé son ami Didier Raoult. Comme tous les élus de droite, fiévreux et enrhumés quelques jours après le scrutin du 15 mars. Le microbiologiste vient de proclamer, par vidéo, l'efficacité de son traitement. Sur un petit échantillon de 26 patients et suite à un unique essai clinique. Il se produit pourtant cette chose peu banale : non seulement des élus acceptent de faire don de leur corps au professeur et d'avaler son remède, mais dès qu'ils se sentent mieux, ils courent en faire la promotion sur les télés et les radios.

Guy Tessier : « Dès mon arrivée, j'ai pu constater la qualité de l'accueil et du protocole que le professeur Didier Raoult a mis en place dans ce remarquable Institut. Ce service hospitalier est vraiment à la hauteur de la situation. » Valérie Boyer : « Le seul effet secondaire de la chloroquine, c'est que je me sens mieux ! Didier Raoult est un savant. Comment ne pas lui faire confiance ? Je suis outrée des attaques lancées contre lui. Nous ne sommes pas dans un match OM-PSG. » Martine Vassal (la même qui a inauguré l'IHU en l'absence de ministres deux ans plus tôt) : « C'est inacceptable de traiter le professeur Raoult de charlatan. Quand il m'a proposé son protocole, j'ai accepté. Ce virus fait tellement peur que vous avez envie de vous en débarrasser au plus vite. Moi, je suis redevenue négative en cinq jours. » Yves Moraine, chef des Républicains au conseil municipal mais filmé façon tuto dans sa cuisine, avec sa boîte de Plaquénil 200 mg et son ordonnance : « Un comprimé, trois fois par jour. Il est midi, voilà le second… Le docteur Raoult, ce n'est pas le docteur Maboule avec deux fioles dans un coin. » Renaud Muselier, lui-même médecin : « Est-ce que ce traitement est le bon ? Je n'en sais rien. Mais j'ai eu quatre membres de ma famille contaminés et je suis le premier de France à avoir eu un cluster : 8 membres de mon cabinet, 25 membres de mon hôtel de région. Je les ai tous fait soigner ou hospitaliser à l'HU. Je n'ai personne qui est mort. » Le président du conseil régional, l'ex-condisciple de Raoult à la fac de médecine, le fidèle jusqu'au bout en amitié, n'hésite pas à en appeler au bon sens près du Vieux-Port et même à forcer sur son accent marseillais. « Nous à Marseille, on a un individu qui est atypique et qui est génial, vibre-t-il lors d'une visioconférence devant une mosaïque de sénateurs des quatre coins de la France. Didier Raoult est nobélisable et il est exceptionnel. Il a fabriqué son IHU tout seul. Et sous prétexte qu'il a les cheveux longs, il a été moqué. Pas grave, on a l'habitude dans le Sud. » L'ami « Muso » ne voit pas pourquoi on reproche au professeur son débordant ego : « Quand on est classé numéro un, dire qu'on est le meilleur, est-ce de la mégalomanie ou simplement un constat ? » Aux journalistes parisiens ou aux « décideurs » de la capitale, l'indéfectible « Renaud » raconte le « vrai Didier », soucieux de la santé des malades et réalisant de petits miracles : « ma mère, quatre-vingt-douze ans et deux cancers, a pris de la chloroquine pour soigner son Covid. Elle est sortie comme neuve de l'IHU ».

On ne fait pas encore la queue à l'Institut mais déjà la légende de la « chloro » est en marche. Hors Marseille aussi, ça bouge. Les anti-Raoult purs et durs maintiennent leurs positions mais une partie du marais bascule en faveur de l'hydroxychloroquine, au moins « pour essayer ». À Paris, un infectiologue de la Pitié-Salpêtrière, Alexandre Bleibtreu, qui fin février avait pris de haut le « scoop mondial » et l'étude chinoise – « sur le plan scientifique, ça ne vaut rien » – fait son mea culpa sur Twitter où à coups de *threads*, d'analyses chiffrées, de statistiques, une bataille entre professionnels fait rage – du jamais-vu sur le fil. « Chers tous, écrit Bleibtreu, j'ai dit, il y a deux semaines, que les données dispo sur chloroquine étaient *bullshit.* Mais de nouvelles données venant de Marseille contredisent ce que je pensais. Nous allons débuter le traitement par Plaquénil chez nos COVID à la Pitié. » « Je pense avoir eu suffisamment tort pour devenir chloroquiniste ascendant raoultien, ajoute l'infectiologue. Merci saint Didier de nous avoir ouvert la voie, nous ne sommes que des andouilles… »

Le docteur Bleibtreu dit tout haut ce que d'autres

confrères pratiquent déjà tout bas, en administrant à leurs patients de la chloroquine dont, assurent-ils, l'activité antivirale est « connue depuis des décennies » (comprendre avant Raoult). S'ils utilisent, disent-ils, le même remède qu'à Marseille et sans attendre d'autres essais cliniques, c'est parce que « l'urgence l'exige ». Mais eux ne font pas de « vidéos spectacles ». Ils préfèrent retenir du serment d'Hippocrate deux recommandations que Didier Raoult a un peu oubliées : « ne pas exploiter le pouvoir hérité des circonstances » et « ne pas se laisser influencer par la recherche de la gloire ». Peut-être, répondent les équipes de l'IHU, en rang derrière leur chef. Mais au moins « Raoult met ses couilles sur la table ». Il « prend ses risques ». Sans son tapage, son protocole aurait été enterré sans fleurs ni couronnes. Le chœur des politiques, la campagne médiatique et la vox populi ont fait leur œuvre.

In extremis, le consortium REACTing intègre l'hydroxychloroquine dans la grande étude Discovery, après avoir laissé se développer pendant près de deux semaines l'idée selon laquelle l'Inserm et les lobbys pharmaceutiques chercheraient à abattre le professeur pour avantager un autre médicament que le sien.

Raoult se félicite à peine de ce changement de pied. Discovery, fait-il remarquer, n'inclut dans son essai que des patients atteints de formes sévères du Covid. Or le protocole de l'IHU ne donne toute sa mesure qu'avant la survenue d'inflammations pulmonaires : « Après c'est trop tard. » Conclusion ? « Si on avait envie de prouver que ça ne marche pas, on ne s'y prendrait pas autrement. Il y aura une enquête parlementaire après tout ça, et elle sera sanglante, autant que l'affaire du sang contaminé. Et ce sera pire si le gouvernement décide de refuser l'accès au médicament » !

Le même 21 mars, voilà Olivier Véran qui finit, lui aussi, par lâcher du lest : il autorise l'usage de la molécule controversée pour le traitement du Covid-19 « sur décision collégiale des médecins et sous surveillance stricte » et en cas de « formes graves et hospitalières ». La décision du ministre doit prendre effet le 26 mars après la promulgation d'un décret. Mais Raoult voit déjà rouge. Comme avec Discovery, il n'a remporté qu'une partie de la victoire. Les « formes graves », cela veut dire qu'il ne pourra pas administrer « son » protocole à l'IHU aux premiers signes du mal. Il décroche son téléphone et fait remonter à l'Élysée. « Il faut s'occuper de Raoult », dit le président à Olivier Véran. Le ministre rassure le professeur : l'administration n'ira pas trop vérifier à qui sera administré le fameux traitement... Dès le 22 mars et sans même attendre la publication du décret, Didier Raoult annonce sur le site de l'Institut qu'il proposera dorénavant « à tous les patients infectés, et au plus tôt de la maladie », son protocole de soins.

C'est son appel du 18 Juin. Et aussitôt la résistance s'organise : « #COVID-19 > OUI À LA #CHLOROQUINE ! Total soutien à Didier Raoult. Nous sommes dans une situation de médecine de guerre ! » tweete la présidente du conseil départemental Martine Vassal tandis que le général en chef de l'IHU proclame dans un communiqué solennel avec cinq médecins de l'Institut : « conformément au serment d'Hippocrate que nous avons prêté, nous obéissons à notre devoir de médecin ».

Didier Raoult n'a jamais autant parlé du père de la médecine, né en 500 avant J.-C. Il est redevenu un vrai toubib, ulcéré par les injonctions des autorités sanitaires qui « demandent de laisser repartir les gens chez eux avec du Doliprane », et même, dit-il poussant encore plus loin le bouchon, « de ne pas les soigner ». Le découvreur du *Mimivirus* a subitement choisi d'incarner une seule ligne du serment : « Je donnerai mes soins à l'indigent et à quiconque me les demandera. » Et la forme hybride dans laquelle il a muté, à la fois savant, médecin de campagne, résistant, général rebelle, trouve immédiatement son public dans un pays confiné où tous les soirs, à vingt heures, on applaudit les soignants. Et où, claquemuré chez soi, chacun peut observer la navigation à vue des « gouvernants ». La porte-parole du gouvernement, Sibeth Ndiaye, vient d'expliquer aux Français que le port du masque est inutile voire dangereux, comme si elle s'adressait à des enfants : « Vous savez quoi, moi, je ne sais pas utiliser un masque. Parce que ce sont des gestes techniques précis, sinon on se gratte le nez sous le masque, et on a du virus sur les mains. » Sauf qu'après cet exercice de haute voltige, la triste et banale réalité se dévoile peu à peu : il n'y a pas assez de masques pour tout le monde. Le « docteur Raoult », au moins, a une ligne, un cap, une parole, et du bon sens. Et un médicament. Croit-on.

Le 27 mars, voilà qu'il publie une deuxième étude, à l'entendre tout aussi concluante que la première : « 81 % des malades traités ont connu "une évolution favorable" au bout de moins de 5 jours ». En outre, ce ne sont plus seulement 26 patients qui ont reçu sa bithérapie (hydroxychloroquine + antibiotique), mais 80. Pourtant, les critiques tombent comme à Gravelotte. Il faut dire que Raoult a encore innové : son essai clinique ne comprend pas de groupe contrôle (c'est-à-dire de patients à qui l'on n'administre pas le traitement étudié). Impossible d'établir une comparaison pour déterminer si c'est bien le protocole de l'IHU qui est à l'origine de l'amélioration. À ses détracteurs, le professeur rétorque qu'il ne cherche pas à « démontrer » que le médicament testé « n'est pas plus toxique ni moins efficace que le traitement habituel », seulement qu'il est « juste aussi bon ». Il se fend même d'une tribune dans *Le Monde* : « le médecin, édicte-t-il, peut et doit réfléchir comme un médecin, et non pas comme un méthodologiste ». Raoult brandit à nouveau le serment d'Hippocrate. « Est-ce que mon chef est le plus sympa du monde ? dit son doseur de chloroquine Éric Chabrière sur LCI. Je ne sais pas. Mais c'est une organisation militaire ici. Le fort Vauban des maladies infectieuses. »

Dehors, de longues files commencent à s'étirer devant l'IHU. Une foule patiente, presque recueillie. « Je ne pensais pas que ce pays était capable de ça », dit Raoult. Maintenant, il est à la fois de Gaulle et Saint Louis guérissant les écrouelles.

17

OPÉRATION DÉPISTAGE

On peut se moquer du professeur qui attire les foules. Le caricaturer en thaumaturge, en « saint Didier », en « Mégalomix ». Il est le seul en France qui applique à la lettre les recommandations de l'OMS, et sur ce plan-là, l'histoire a déjà jugé, il a eu raison avant tout le monde. « Testez, testez, testez », répète l'Organisation mondiale de la santé depuis le 16 mars. « Isolez les positifs, trouvez les personnes en contact avec eux, testez à nouveau. » C'est ce que fait le patron de l'IHU qui pourtant n'est en général d'accord avec personne.

Il suffit de passer sur le boulevard Jean-Moulin où chaque jour patientent désormais entre cent et trois cents personnes souvent pendant plusieurs heures, sagement alignées à un mètre de distance. Parfois, la file remonte jusqu'au boulevard Baille. Et le silence est impressionnant, comme si chacun avait conscience de la gravité du moment mais aussi la certitude de participer à une expérience unique. D'abord le dépistage de masse, puis, pour les malades, l'hydroxychloroquine… Qu'ils soient positifs ou négatifs, ceux qui attendent leur tour sur le trottoir ont l'impression d'agir contre le virus. À Paris ou ailleurs, les Français restent cloîtrés entre quatre murs. Impuissants. Tétanisés. Ballottés par les injonctions contradictoires du gouvernement. Seuls face à leurs angoisses, alors qu'ici l'IHU propose une sorte d'aventure collective.

Marseille se distingue et les télévisions filment un spectacle inédit : des infirmiers et infirmières en surblouses de cosmonautes, cheveux retenus par des charlottes, dégainant leurs écouvillons sous le nez des patients. Les asymptomatiques d'un côté, les symptomatiques de l'autre. Chaque analyse dure six heures en moyenne, les plus mal en point sont immédiatement pris en charge. Sinon, les résultats sont communiqués deux ou trois jours plus tard, à domicile... Jamais l'IHU n'a connu une telle publicité.

« Je veux battre les Chinois », dit le patron en décomptant chaque jour le nombre de tests réalisés à l'Institut. Avec le reste de la France, le match n'a même pas commencé. Les autorités sanitaires et le gouvernement n'ont toujours rien compris, dit Raoult. Leurs méthodes sont « totalement archaïques ». Voilà ce qui arrive quand « tout est téléguidé » par les bureaucrates et qu'on ne « privilégie pas le terrain ».

Le 22 mars, lorsque Raoult a annoncé qu'il mettait sa bithérapie à la disposition de tous les malades et que le dépistage s'est amplifié, l'agence régionale de la santé, émanation du ministère, a à nouveau manqué de s'étrangler. Ces foules devant l'IHU en plein confinement ! « Restez chez vous », ordonne aussitôt l'ARS par voie de communiqué, reprenant le hashtag né sur Twitter pour faire honte à tous les égoïstes et les inconscients. « Restez chez vous », sous-entendu : Raoult est un irresponsable qui met les Marseillais en danger. La « consigne nationale », rappelle l'agence au rebelle, est : 1/ « de limiter les déplacements au strict nécessaire, et en cas de symptômes de ne pas se rendre à l'hôpital ou chez le médecin mais d'appeler son médecin avant tout » ; 2/ de « réserver en priorité les tests » aux « personnes fragiles présentant des symptômes et risquant de développer des complications ». Raoult fait tout le contraire.

Il le répéte depuis que l'épidémie s'étend : « il faut généraliser les tests, on a les moyens de le faire ». Il suffit, a-t-il déjà dit à l'Élysée le 5 mars, de « s'organiser » et de le vouloir. Et alors que se profilent les premiers jours d'avril, il a beau jeu d'en remontrer au Conseil scientifique et au gouvernement. Eux-mêmes sont en train de réaliser qu'ils ont fait une erreur en limitant le dépistage. Par la suite, de précieuses semaines ont été perdues pendant lesquelles l'épidémie aurait pu être ralentie et alors qu'on avait déjà compris que le Covid-19, à la différence des autres coronavirus connus jusqu'ici, pouvait être transmis par des personnes asymptomatiques. Blocages réglementaires, luttes de chapelles, atermoiements des ministères, de Matignon, de l'Élysée... La machine a été trop lourde à se mettre en marche et l'intendance n'a pas suivi. Quand la propagation du virus s'est accélérée, les deux « centres nationaux de référence » pour le développement des tests PCR – l'Institut Pasteur et l'un des CHU de Lyon – n'ont pas pu suivre le mouvement. La pandémie ayant déjà bousculé les circuits économiques, les transports de marchandises et les traditions du libre-échange, il a fallu en plus faire face à des difficultés d'approvisionnement, notamment pour les réactifs, importés de Chine et des États-Unis, et que ces pays veulent désormais conserver pour eux, on les comprend.

Là, la bureaucratie française a fait des merveilles. Au lieu de bousculer ses habitudes, elle a redoublé de paperasserie. Les biologistes hors centres de référence mais prêts à participer à « l'effort national » – « nous sommes en guerre », avait dit le président Macron le 16 mars à la télévision – n'en sont pas revenus. Quand les labos publics de l'enseignement supérieur et de la recherche ont offert leurs services, c'est tout juste si on leur a répondu. Idem pour les laboratoires de ville qu'on a fait lanterner parce qu'ils achètent des réactifs à des industriels non certifiés par l'Institut Pasteur. Les labos vétérinaires, eux, se disaient capables de fournir près de 200 000 tests par semaine – les coronavirus qui infectent régulièrement la population animale, ils connaissent –, mais les autorités sanitaires n'ont pas jugé bon de les mobiliser immédiatement. Pour tous, il manquait un décret levant un énième verrou réglementaire. Ou un agrément de l'Institut Pasteur. Ou une autorisation des préfectures qui elles-mêmes devaient se coordonner avec les ARS, déjà surnommées les « agences de ralentissement de la santé ». Le fameux mille-feuille administratif à la française, avec en plus la lutte entre services.

Le tout a généré une paperasserie ubuesque, alors que chaque minute comptait, puis des semaines d'inertie. C'est seulement fin avril que le gouvernement rassemblera « tous les acteurs » (labos privés, publics, vétérinaires, fonctionnaires) de cette pièce courtelinesque dans une « Cellule test », chargée de centraliser toutes les commandes et de « fluidifier » les administrations. En attendant, Jean-François

Delfraissy, le président du Comité scientifique, a appris en prenant son poste que la France ne pourra disposer que de quelques milliers de tests par semaine, alors qu'il en faudrait au moins 100 000 pour repérer et isoler tous les cas positifs, surtout ceux qui s'ignorent.

Pendant ce temps, Didier Raoult et ses équipes ont déjà constitué une partie de leur stock, même à flux tendu. Ils se sont mobilisés dès le mois de janvier en râlant contre l'Institut Pasteur qui « refuse de partager » certaines données. Raoult ne voit d'ailleurs pas pourquoi Pasteur est « centre de référence national » en matière de diagnostic moléculaire : « Pas besoin de ce genre de monopole, la PCR n'est pas quelque chose de très sophistiqué. » En temps normal, son Institut en réalise entre « 150 000 et 200 000 par an ». L'IHU a toujours eu la « capacité de faire du haut débit » et aurait pu « monter en puissance » beaucoup plus facilement que d'autres si on le lui avait demandé. Le professeur assure à ses troupes qu'il ne se prive pas de le faire remarquer à Olivier Véran et même à Emmanuel Macron quand il les a au bout du fil : « La PCR est à la portée de tout le monde. Ceux qui vous disent le contraire sont des cons. » Tout comme ceux qui continuent à ne pas vouloir systématiser le dépistage, population à risque ou non. Heureusement que l'IHU ne suit pas la « consigne nationale » !

Heureusement aussi que l'IHU a les « meilleurs » pour pallier la pénurie de matériel, se vante Raoult sur sa chaîne YouTube (devenue une sorte de Radio Londres retraçant les différentes avancées de la résistance marseillaise). L'Institut a pu mettre en place son propre dispositif grâce, poursuit le professeur, au « magicien » Pierre-Édouard Fournier, un spécialiste du diagnostic moléculaire qui se démène pour « trouver des solutions là où personne n'y arrive » aux côtés de Philippe Colson, qui lui « supervise toutes les PCR et en est à soixante-dix heures de travail par semaine, un travail de fou ».

Le duo, qui avait déjà œuvré dès la fin janvier lors du rapatriement des Français de Wuhan à Carry-le-Rouet, s'active auprès des fournisseurs, désormais pris d'assaut, pour trouver des réactifs. Quand un chef d'entreprise leur dit : « J'ai de quoi en faire 30 000, achetez-les tout de suite, sinon ça part ailleurs dans cinq minutes », ils n'hésitent pas une seconde. Ils prennent aussi ce qu'ils peuvent chez les militaires, puisque l'IHU a passé un partenariat avec le Service de santé des armées. Les labos vétérinaires ? Ils sont aussi sur le coup depuis longtemps. Une « mine » qu'ils exploitent pendant qu'ailleurs on tergiverse. Un véto lyonnais leur propose, livrable le lendemain par camion, de quoi fabriquer 150 000 tests. « On prend tout », répond l'IHU. Le vétérinaire leur raconte que ce sont les réactifs qu'il avait « proposés au Conseil scientifique » où on lui a « claqué la porte au nez ». Pendant ce temps, dès la fin février, l'IHU avait déjà mis le pied sur l'accélérateur : « 3 500 tests en l'espace de dix jours ».

Sur sa chaîne YouTube, Didier Raoult dévoile les secrets de cette performance. Pour tenir le rythme, même ceux qui ne « font pas de la PCR » ont été réquisitionnés. Et le professeur ne regrette pas de leur avoir « mis la pression ». Même Bernard La Scola, son codécouvreur de virus géant, n'y a pas échappé : « Après trois grognements, il a cassé la baraque, il en est à 143 souches isolées chez différents patients. À part la

Chine et la Corée, personne n'en a autant. » C'est La Scola aussi qui, après sa courte période de doute en février, mène tous les tests de sensibilité montrant « l'activité extraordinaire de l'association hydroxychloroquine-azythromycine ». Ce cocktail, le « colonel » La Scola en est désormais persuadé comme tous les autres membres du commando, peut combattre le virus…

« On dose ça de manière régulière avec Éric Chabrière », glisse Raoult sur YouTube tout en mettant en garde les fans trop zélés qui seraient tentés de fabriquer leur propre potion en s'inspirant du remède de l'IHU : « Faites attention, ne vous autoprescrivez pas ça, il faut qu'il y ait un médecin, il faut que vous ayez un électrocardiogramme et un dosage de potassium dans le sang ! Faut pas improviser, ce sont quand même des médicaments. » La discipline, toujours. Des rangs formés devant l'Institut à sa garde rapprochée qui se « donne corps et âme ».

« Je ne voudrais pas que vous imaginiez que je suis tout seul, et donc je voudrais vous présenter l'état-major. Il faut que vous voyiez leurs têtes… », annonce le 31 mars Raoult à ses abonnés sur YouTube. Surprise. Pour la première fois depuis que la crise du coronavirus a commencé, la caméra dézoome et offre aux spectateurs un plan large sur le bureau du professeur : une quinzaine de chercheurs et de médecins, assis en rond, tous en blouse blanche, face à la table de travail du patron. « Je ne peux pas tous les faire venir », dit Raoult, mais à quelques exceptions près, dont le « doseur » Éric Chabrière, cette revue de la troupe est à peu près complète.

Les collaborateurs regardent l'objectif sans moufter. Derrière eux, on aperçoit les bouquins et les bibelots sans prétention que le « chef » a posés sur ses étagères et aussi, au milieu des portraits de ses ancêtres, ses photos de vacances – femme, enfants, petits-enfants – à la mer ou à la montagne. Étrange moment où la vie privée que Raoult continue à préserver, malgré sa popularité croissante et l'insistance de certains journaux, s'impose dans le champ professionnel. Puis la caméra s'attarde sur chaque membre de l'état-major, toujours muets puisque seule la voix du professeur résonne. Focus sur un premier visage captif : lui « travaille jour et nuit pour répondre aux demandes un peu exigeantes que je formule en termes de rapidité ». Elle (la caméra montre Yolande Obadia, l'une des deux seules femmes du QG) « nous aide énormément pour la logistique ». Celui-ci « reçoit plus de 800 personnes par jour pour pouvoir prélever et organiser le rendu des résultats, avec une fluidité tout à fait inouïe ». Celui-là – l'œil de la caméra se pose sur Michel Drancourt – « est le plus ancien de mes collaborateurs. Nous travaillons ensemble depuis trente-cinq ans. Il me seconde à chaque instant. » Et enfin – la caméra fixe Yanis Roussel –, voici « Mistigri, notre *go-between* avec la presse » qui gère aussi « les refus de discuter avec les médias parce qu'on a trop de travail ici pour perdre du temps avec ça ».

Dehors, la file continue à s'étirer. Dans cette foule dit encore le professeur sur YouTube, « il y a des gens extrêmement célèbres que vous rêveriez d'avoir sur un plateau télé et qui font la queue comme tout le monde sans rien dire ». Didier Raoult, qui se dit pourtant aussi insensible aux mondanités qu'étranger à l'univers des people, ne peut s'empêcher de confier aussi aux journalistes venus de Paris : « Vous n'imaginez pas qui me contacte pour des ordonnances, des conseils… » Cette fois, ça y est, les trompettes de la renommée ont vraiment commencé à sonner.

18

RAOULTMANIA

Même la première fortune de France appelle le professeur. « J'ai des amis à Marseille qui ont pris de l'hydroxychloroquine et m'en ont dit le plus grand bien. De quoi avez-vous besoin ? » demande aimablement Bernard Arnault. « Là, en urgence ? De 50 000 gants », répond Raoult. Quatre jours plus tard, l'homme aux plus de 50 milliards d'euros de chiffre d'affaires fait livrer à l'IHU, presque au chiffre près, le matériel réclamé : 40 000 paires.

Une semaine s'écoule et le professeur fait savoir au milliardaire qu'il lui manque aussi 20 000 blouses. Il en reçoit 25 000. Bernard Arnault est un ami de Philippe Douste-Blazy, l'ex-ministre de la Santé qui siège au conseil d'administration de l'IHU. Le Covid le passionne et l'inquiète, il lit tout ce qu'il peut trouver sur les nouveaux traitements. Tous les jours, il rebat les oreilles de ses enfants avec le protocole marseillais. Sa belle-fille, la femme d'Antoine, le directeur général de Berluti et le responsable de la com du groupe, vient de tomber malade : son fils se souvient avoir couru acheter du Plaquénil à la pharmacie.

Ce qu'apprécie Didier Raoult, c'est que le PDG ne l'appelle pas uniquement pour des questions de logistique. Bernard Arnault, soucieux de l'impact économique du Covid sur son empire du luxe, vient en effet de mettre en place une « cellule de crise » pour participer à l'effort national. Et plusieurs patrons d'hôpitaux ont reçu du matériel. Mais Didier Raoult a lui, en plus, parlé directement de son traitement avec le milliardaire. Et, en ce moment, chaque *very important person* à laquelle il peut expliquer son protocole compte. D'autant que LVMH coiffe aussi des médias comme *Les Échos*, *Le Parisien* ou Radio Classique.

Chez Lagardère, autre groupe très puissant, Constance Benque, la présidente du pôle « news », est clouée au lit avec de la fièvre. Un gros Covid. Pas d'hésitation : hydroxychloroquine. Claude Perdriel, le fondateur du *Nouvel Obs*, attrape aussi le fichu virus, mais lui a quatre-vingt-quatorze ans. Cet entrepreneur curieux de tout a toujours aimé les médecins iconoclastes. Il s'empresse de suivre le protocole de Didier Raoult et rapporte au Tout-Paris : « Cet homme m'a sauvé ! »

Bernard-Henri Lévy tresse autant de louanges au Marseillais, dans lequel il dit reconnaître un « personnage hors du commun, *bigger than life* ». Étant lui-même un « vieux paludéen », parcourant les camps de réfugiés en Afrique ou les théâtres de guerre, il prend du Plaquénil depuis des lustres. Aussi, lorsque le 22 mars l'IHU de Marseille passe en force pour proposer son traitement, BHL salue cette initiative sur Twitter : « Didier Raoult est l'1 des grands de sa discipline. La #Chloroquine est 1 médicament ancien et éprouvé. Et cela fait 1 mois qu'il crie, dans le désert, que c'est “le traitement le moins cher et le plus simple pour traiter le Covid-19”. » Ce jour-là, Laeticia Hallyday elle aussi applaudit Didier Raoult. Et bientôt Michel Polnareff ou Mylène Demongeot, rescapée du Covid. « Je dois la vie au professeur », dit l'actrice, qui assure que si elle n'avait pas suivi son protocole, elle serait morte.

À Marseille – vu de Paris en tout cas –, l'engouement pour Raoult confine à l'amour passionnel. Un disciple illuminé se fait tatouer le visage christique du microbiologiste sur le torse. Un chef d'entreprise sillonne les rues de la ville à bord d'une camionnette publicitaire à sa gloire. Les supporters de l'OM accrochent une immense banderole devant l'IHU : « Marseille et le monde avec le Professeur Raoult ». Une pétition est lancée pour que le scientifique soit honoré sur le mur de la Corniche où le portrait de Zidane, l'enfant du pays, a longtemps trôné. « Raoult, c'est mon idole. J'adore », affiche Éric Cantona, autre légende du foot marseillais, sur Instagram. Ayant de toute évidence potassé la bio officielle de son héros, Canto explique à la France entière pourquoi il en est fan : « Il a eu un bac littéraire, il est parti deux ans dans la marine, son père lui dit tu fais médecin, aujourd'hui c'est l'un des plus grands chercheurs au monde. Et tu as des Parisiens Machin, avec leurs costumes cravates bien coiffés – parce que lui, on dirait qu'il vient de Woodstock –, qui le traitent de charlatan. De charlatan ! Il a même trouvé des virus à qui il a donné son nom. »

Oui, et maintenant, c'est Raoult lui-même qui devient un produit dérivé, pas seulement à Marseille. Bière à son effigie, bougies votives « Saint Raoult » sur lesquelles il apparaît auréolé et terrassant le Covid, mugs, dessous-de-plat, tee-shirts… The Great Frog, la boutique londonienne qui vend des bijoux têtes de mort, est ravie. De nouveaux clients lui demandent la « bague Didier Raoult ». « Ce n'est pas une bague de rocker, explique le professeur aux journalistes qui l'interrogent sur le sujet, c'est un *memento mori*, le "Souviens-toi que tu vas mourir" des Romains ». Certains de ses amis croient pourtant savoir que c'est son épouse psychiatre, Natacha, qui a eu l'idée de lui offrir cette chevalière. Un cadeau en forme de clin d'œil analytique, paraît-il, comme le buste de marbre. « Vous êtes la rock star des maladies infectieuses » a un jour lancé dans un congrès un confrère américain au Marseillais. C'est en souvenir de cette scène que « Natacha a acheté pour Didier », à Londres, l'anneau à tête de mort qui depuis quarante ans habille aussi l'index d'une « autre rock star » : Keith Richards, le guitariste de génie. Et comme les Raoult adorent les Rolling Stones, sur le plan de l'interprétation, tout se tient…

Le déguisement « Professeur Raoult », en tout cas, est déjà en vente sur internet, perruque comprise. Les rappeurs marseillais de 13 Organisé l'ont revêtu pour tourner un clip évoquant le phénomène (« à Marseille, ça vend du shit et d'la chloroquine. Ça prend des années ferme et ça libère les pédophiles »). Au même moment, à l'autre bout de la France, Pierre-Emmanuel Taittinger, le propriétaire des champagnes, se porte acquéreur du *Didier Raoult* (seringue et kalachnikov anti-coronavirus en bandoulière) que le peintre Didier Chamizo est en train de coucher sur sa toile. Et dans toute la Provence, en prévision de Noël, les fabricants de santons façonnent leur argile : « le Professeur », comme le Berger ou le Ramoneur, a droit à une place à côté des Rois mages. En décembre, la figurine apparaîtra et disparaîtra plusieurs fois dans la crèche du conseil régional (« on me la vole », se désolera Muselier) et la maire de Marseille Michèle Rubirola ne parviendra pas à en trouver une à poser sur la paille à côté de l'Âne et du Bœuf. Rupture de stock.

En attendant, le dimanche, le vrai Raoult ne peut plus faire tranquillement son marché. Trop de fans, de paparazzis, de demandes d'autographes et de selfies. Et chez le coiffeur, quand il va rafraîchir sa coupe, ça lui arrive, il doit insister pour payer. À l'IHU, courriers de félicitations et mails s'amoncellent. « Je me méfie de la popularité, minaude la rock star du virus. Quand trop de gens vous trouvent formidable, il faut commencer à douter. » Pourtant le jour où des chauffeurs de taxi marseillais, venus manifester leur soutien aux soignants de la Timone, le surprennent au volant de sa Dacia Duster (« lui au moins, il roule pas en Mercedes ») et lui font un triomphe (« Chamepion ! », « Il est là, le meilleur ! »), un immense sourire, si rare chez lui, illumine son visage.

« Raaaaoult ! » Un cri de ralliement pour ses groupies, et, pour certains médias, la certitude de faire des cartons d'audience. Rien que dans la semaine du 23 au 29 mars, le nom est cité jusqu'à 15 fois par heure sur BFM, et le mot « chloroquine » prononcé 35 fois dans le même temps. Durant tout le printemps, ce matraquage, la revue de l'INA l'a calculé, envahit les chaînes d'info en continu qui courent derrière le Marseillais. Sur les réseaux sociaux, sa célébrité est déjà faite grâce à la quarantaine de groupes Facebook qui lui sont dédiés. L'un des plus connus, « Didier vs

Coronavirus », réunit 370 000 membres en quelques jours (plus de 500 000 aujourd'hui). Ses administrateurs sont maire, cadre sup, ou youtubeur. Les messages postés sur le groupe (de « À Marseille les médecins prennent le pouvoir et envoient chier les politicards » à « Faut-il donner le prix Nobel à Didier Raoult ? ») sont partagés par un million et demi de personnes. À ces comités de soutien sur Facebook, le biochimiste Éric Chabrière donne des « interviews exclusives » pour expliquer que la bithérapie marseillaise permet, dès lors qu'elle est « précocement » prescrite aux patients, de baisser de près de 100 % la charge virale.

Le 26 mars, Didier Raoult *himself* débarque sur Twitter pour saluer le décret pris en sa faveur par le ministre de la Santé : « Dans le cadre de l'urgence sanitaire, l'hydroxychloroquine peut être prescrite en traitement du COVID-19. Merci à @olivierveran pour son écoute. » Sur son compte (suivi illico par 100 000 personnes et par plus de 800 000 aujourd'hui), le professeur reste factuel et perd rarement ses nerfs. Il relit tous les textes écrits par son « Mistigri », Yanis Roussel, lui-même très agile sur les réseaux où dès ce mois de mars des bataillons de twittos partent à l'offensive contre ceux qui déboulonnent la statue du professeur. Déjà, c'est camp contre camp.

De quoi Didier Raoult est-il le nom ? commencent à s'interroger spécialistes de science politique et sociologues. Évidemment du besoin vieux comme le monde d'être rassuré avec des solutions simples, surtout quand les autorités sanitaires et politiques tâtonnent sur les traitements, se contredisent sur les gestes barrières, habillent leur fiasco sur les masques et les tests d'arguments scientifiques. Mais il ne faut pas être grand clerc pour comprendre que Raoult prospère aussi sur un ressentiment bien antérieur au Covid, contre « la France d'en haut », les « politiques », les « médias », « leurs mensonges » et « tout ce qu'ils nous cachent »… Raoult le Gilet jaune de la médecine et de la science ?

Sauf que, comme toujours avec lui, c'est plus compliqué. Il a la raideur des généraux et peut aussi parler comme l'adjudant Kronenbourg. Il est arrogant comme un mandarin mais aussi décoiffé que Keith Richards, presque aussi barbu que le mythique Jerry Garcia de Grateful Dead. Il étale son savoir, sa culture, ses titres et ses décorations en méprisant ceux qui comme lui les collectionnent. Mais aussi ceux qui en sont dénués. À croire que les « petits » qui l'adulent sont masos. Car Raoult, c'est le populisme en version surdiplômée, le savant de la haute qui revendique son appartenance à des « élites » que les Français, se plaint-il, « aiment tant décapiter ». « Les gens disent : pourquoi les élites ne nous aiment pas ? Ce sont eux qui n'aiment pas les élites ! » Anti-système, lui ? Au contraire, dit-il, il en fait partie. À l'entendre, il en est même le top du top, la crème de la crème. Pourquoi s'embarrasser avec les codes de la politesse ou de la fausse modestie ? Il est « cash », dixit son épouse. « Authentique », le petit peuple le sent. Et dans ses discours autopromotionnels d'un sans-gêne absolu, les sans-grades voient malgré tout une gifle aux « puissants »… Un pied dedans un pied dehors, Raoult s'offre le luxe de casser la baraque. Et cela plaît.

Est-ce un hasard si Fabrice Luchini, anar de droite, individualiste bougon, fils de coiffeur devenu l'un des intellos les plus populaires, fin lecteur de Nietzsche, Céline, Marx, Cioran, Péguy ou Lacan a repéré en Raoult tout ce qui révèle l'inconscient français ? Le comédien rêve d'interpréter ce drôle d'animal. Pour un phénomène de ce genre, il faut au moins « un biopic », explique-t-il sur les plateaux télé (Natacha Raoult décrochera son téléphone pour tenter d'organiser un déjeuner entre l'acteur et son mari). Raoult, analyse encore Lucchini, c'est « l'opposition à la doxa », une pure « cristallisation populiste ».

Comme le pyromane oublie l'allumette qu'il a laissée tomber sur un bois prêt à flamber, Didier Raoult feint de s'étonner de son succès : « Les gens interprètent ce qu'ils voient et se font des illusions. »

En ce mois de mars, rien ne semble devoir arrêter la « raoultmania ». Ni les doctes explications sur la faiblesse de ses études cliniques. Ni les attaques ad hominem. Sur BFM, Alain Duhamel affirme qu'on a affaire à un « très grand génie un peu déséquilibré psychiquement », et, sur LCI, Daniel Cohn-Bendit s'énerve contre le « gourou » marseillais : « Qu'il ferme sa gueule ! » En vain.

« Je suis heureuse pour le professeur @raoult_didier qui voit son expertise reconnue au plus haut niveau », a tweeté dès la promulgation du décret Véran Valérie Pécresse, la présidente de la région Île-de-France, se souvenant peut-être que, ministre de la Recherche, elle avait encensé le microbiologiste pour son prix de l'Inserm. « J'espère, ajoute-t-elle sur Twitter, que son traitement sauvera de nombreuses vies ! #chloroquine. » Le même 22 mars, son collègue Bruno Retailleau, président du groupe LR au Sénat, préfère la jouer pragmatique : « De toute façon, qu'est-ce qu'on risque ? Les gens meurent. » Ou flirter avec le conspirationnisme : « Pourquoi n'utilise-t-on pas la chloroquine ? Est-ce que c'est parce que les grands labos aimeraient se faire de l'argent sur le dos de nos concitoyens ? » Avant enfin de sonner le branle-bas de combat : « Il faut que le directeur général de la Santé dise à tous les hôpitaux de France : allez-y ! On a eu suffisamment de retard sur les masques, les tests, le confinement pour qu'on n'en prenne pas sur le traitement ! »

Le lendemain, 23 mars, un autre LR, le maire de Nice Christian Estrosi, s'en prend également au principe de précaution : « On n'a pas le temps de tester sur des souris pendant six mois. » Estrosi connaît bien Raoult : il l'a fréquenté quand il était ministre de l'Industrie de Nicolas Sarkozy et l'a soutenu pour son IHU lorsqu'il présidait, avant Renaud Muselier, la région PACA. Il a surtout attrapé le Covid au lendemain des municipales et s'en est allé marteler à la télévision, à l'instar de ses collègues de la droite marseillaise, comment « six jours » après avoir avalé son hydroxychloroquine et son azithromycine, il s'est senti « en pleine forme ». « L'effet a été immédiat. En quarante-huit heures, j'étais sur pied », confirme sa femme, Laura Tenoudji, elle aussi « covidée » puis soignée « à la marseillaise ». Chroniqueuse à « Télématin », la populaire émission de France 2, elle témoigne dans tous les médias.

« C'est urgent ! Pourquoi ces hésitations bureaucratiques incompréhensibles ? » s'énerve à son tour Ségolène Royal le 23 mars via un message qu'elle a depuis effacé de Twitter. « Je pense qu'il faut tout de suite donner la possibilité à tous les médecins de ville de le prescrire », renchérit quelques jours plus tard Marine Le Pen, la présidente du Rassemblement national, tandis que Nicolas Dupont-Aignan, chef de Debout la France, proclame : « Chaque jour perdu est un crime ! Je le dis. Je le répéterai. »

Ces derniers jours de mars sont particulièrement anxiogènes. Premiers enterrements expédiés sans famille, conservation des corps dans un coin de morgue d'hôpital (et en Italie, empilement de cercueils devant les églises). Réanimateurs débordés et impuissants face aux effets d'une maladie qu'on connaît encore si mal : embolies pulmonaires, orages immunitaires. Les soignants sont épuisés. L'oxygénation à haut débit fait défaut… Le 28 mars, l'ancien ministre Patrick Devedjian décède. Même les hommes de pouvoir ne peuvent rien contre cette épidémie…

Alors, pourquoi pas miser sur Raoult ? Et pourquoi pas la chloroquine ? Depuis le 18 mars, Sanofi a accéléré ses chaînes de production pour offrir à la France de quoi traiter « 3 millions de malades » avec du Plaquénil. Les essais de l'IHU de Marseille sont jugés « prometteurs ». Si ce grand laboratoire le dit… Le groupe français assure ne plus avoir aucun lien avec l'IHU depuis qu'en 2015 leur collaboration « pour un projet de recherche a pris fin… sur un enjeu d'avenir, précise Didier Raoult, la réutilisation des molécules anciennes ». Le *repositioning*, comme on dit en globish scientifique, qui permet d'utiliser un produit pour une autre indication que celle obtenue lors de son autorisation de mise sur le marché (c'est le cas de la chloroquine depuis le décret Véran). Ce recyclage, qui évite de colossaux investissements pour la recherche de nouveaux médicaments, par ailleurs de plus en plus rares, ne va pas à l'encontre des intérêts de l'industrie pharmaceutique. Contrairement à ce que croient beaucoup de ses supporters, Raoult n'a pas toujours été un contempteur des big pharmas : « Les gens ne comprennent rien », soupire souvent le professeur, sans pour autant chercher à les éclairer sur le sujet.

Après Sanofi, qui étend sa distribution de doses gratuites à cinquante pays, l'Américain Bayer, l'Israélien Teva ou le Suisse Novartis se mettent eux aussi à multiplier leurs dons de chloroquine. Pendant ce temps, l'armée française s'apprête à constituer, dans le plus grand secret, son propre stock (de près d'« une tonne » et aux bons soins du laboratoire Servier, qui fait rapatrier une partie de ses réserves de l'un de ses entrepôts en Chine, affirmera plus tard *Le Canard enchaîné*).

Chaque jour, la liste des contrées « chloroquinistes » s'allonge. L'Indonésie – quatrième pays le plus peuplé du monde ; l'Égypte ; le Maroc, où Didier Raoult est parfois présenté comme un « nouveau prophète » ; l'Algérie mais aussi le Burkina Faso, le Bénin, le Cameroun, le Nigeria…

Là aussi, c'est la ruée dans les pharmacies. Au Sénégal, où Didier Raoult a vu le jour, l'automédication a commencé dès que l'IHU a annoncé les résultats de son essai clinique. Comme dans tous les pays touchés par le paludisme, la chloroquine y est une molécule des plus banales, souvent administrée à titre prophylactique depuis des décennies. Le président Macky Sall lui-même dit en avoir consommé « en quantité », comme toute sa génération en Afrique subsaharienne. Pour que les hôpitaux sénégalais appliquent correctement le protocole marseillais, Cheikh

Sokhna, chef d'équipe à l'IHU de Marseille (il y a fait sa thèse sur la chloroquine), a lancé un appel solennel à la télévision nationale. Et son patron, Didier Raoult, l'« Africain blanc », a gagné un nouveau surnom, décerné par les Sénégalais eux-mêmes : « Didier Diopd » – Diopd, l'équivalent de Dupont en France, est l'un des patronymes les plus répandus, notamment parmi les pêcheurs de l'anse Bernard, où siégeait jadis le laboratoire d'André Raoult. Au même moment, une photo circule sur le Net montrant un autre avatar de Didier Diopd. Le patron de l'IHU pose dans un parc du Sénégal en compagnie de Cheikh Sokhna, parti avec lui étudier sur les grands singes la transmission des bactéries de l'animal à l'homme. Le professeur porte un débardeur noir sur ses épaules bronzées et un chapeau façon Crocodile Dundee. « C'est un éléphant qui aime aller au contact des gorilles », lance à la même époque un haut fonctionnaire du ministère de la Santé de la République du Congo.

« Coalition mondiale en soutien au docteur Didier Raoult ». C'est aussi le titre d'un groupe Facebook né au Cameroun. Les abonnés y postent des photos de pots remplis de Nivaquine, avec laquelle, expliquent-ils, ils ont vécu toute leur vie sans dommages. « Je revois encore, raconte un expat, le boy de mes parents qui dressait la table du midi et mettait les pilules dans les assiettes. » En Afrique aussi, Didier Raoult est devenu viral. Et quand, depuis son bureau de l'IHU, il délivre un entretien entièrement consacré à ce continent, l'enthousiasme de ses fans déborde sur les réseaux sociaux : « Grand professeur de son temps, tu es toujours le bienvenu en Afrique » ; « Il faut qu'il revienne au Sénégal. On va s'occuper de lui, si les autres ne le prennent pas au sérieux » ; « Vive le Dr. Raoult, que Dieu te protège » ; « Merci papa »…

Mais pour propulser véritablement le Marseillais au niveau planétaire, rien ne vaut un tweet de « l'homme le plus puissant du monde », Donald Trump. En lettres bâton. « HYDROXYCHLOROQUINE & AZITHROMYCINE, prises ensemble, ont une réelle chance de changer le cours de l'histoire de la médecine. Merci ! J'espère qu'elles seront toutes les deux mises à disposition IMMÉDIATEMENT. LES GENS MEURENT, IL FAUT FAIRE VITE ET QUE DIEU VOUS BÉNISSE TOUS ! » On croirait presque un tract millénariste, et, en France, en cette fin mars, certains partisans de Raoult en éprouvent sinon de la honte, du moins un peu de gêne. Le professeur se garde de relayer ce message échevelé sur son propre compte Twitter, mais il ne prend pas pour autant de distance avec ce chef d'État si aveugle et irresponsable vis-à-vis de l'épidémie. Pour promouvoir la bithérapie de l'IHU (que Trump semble bien connaître puisqu'il ne cite pas seulement la chloroquine, mais aussi l'antibiotique préconisé), tout est bon à prendre. « Nous allons pouvoir rendre ce médicament disponible quasiment immédiatement », déclare depuis la Maison-Blanche le président américain – presque aussitôt suivi par son homologue brésilien Jair Bolsonaro, dit « le Trump des tropiques ». « C'est un traitement fort. Un médicament puissant… Je suis quelqu'un d'intelligent. Ce n'est qu'un sentiment, mais je le sens… Ce serait un don du ciel si ça marchait. »

Donald Trump vient de faire de la chloroquine un objet-monde – un « hyper-objet », décrypte Didier Raoult en apprenti sémiologue. Ni dans ses textes ni lors de sa conférence de presse, le Yankee n'a directement cité le Marseillais. Mais pour ce dernier, il n'y a pas l'ombre d'un doute : l'Américain ne peut avoir été convaincu que par l'essai clinique mené à l'IHU. « Quand Trump parle de résultats prometteurs, il parle de nos travaux », dit le professeur Raoult, avant de préciser, grand seigneur : « Je suis content à titre personnel, mais surtout pour les États-Unis et les vies potentiellement sauvées. »

19

UN PHILOSOPHE FÉBRILE

Samedi 28 mars, 20 heures 3. *Cling*, un texto inquiet fait clignoter le portable de Raoult. « Suis cloué au lit depuis six jours avec 40 de fièvre nuit et jour, diarrhées et migraines. J'ai des courbatures et ma tension est très élevée. Ça ressemble au Covid », s'inquiète Michel Onfray. Le professeur rappelle aussitôt.

« Avez-vous perdu l'odorat ? demande-t-il au philosophe. Sentez-vous les aliments que vous mangez ? Souffrez-vous d'anosmie ? d'agueusie ?

— Non, répond Onfray, je n'ai pas perdu le goût mais il s'est modifié, tout est devenu terriblement amer. » Le malade sent aussi « les emballements de diastoles et de systoles » dans son cœur qui bat la chamade. Son lit est « trempé comme une soupe ». Dorothée, sa femme, a dû être hospitalisée.

« Ce n'est pas le Covid », diagnostique le professeur.

Quatre minutes de téléconsultation ont suffi pour dissiper les angoisses du penseur nietzschéen. Michel Onfray revient de Martinique. C'est là-bas qu'il a dû attraper la dengue, une maladie tropicale qui se transmet par les piqûres de moustiques. Le philosophe est épaté par la « fulgurance » de celui qui a su mettre si vite des mots sur ses maux.

Quelques jours plus tard, le professeur découvre l'ode que lui consacre son patient virtuel sur michelonfray.com. « Il faut bien se rendre à l'évidence. Cet homme porte plus que lui. Il est très exactement ce que Hegel appelle un grand homme : un homme qui fait l'Histoire en même temps que l'Histoire le fait », écrit Onfray. Faut-il comprendre que le cours des événements eût été changé sans l'expertise sûre et rapide de Raoult ? Ce Marseillais « est un chef », conclut en tout cas le convalescent depuis sa Normandie.

Avant cet examen médical à distance, une autre conversation téléphonique s'est tenue deux semaines plus tôt, de haute volée et d'une « densité » qui a beaucoup « excité » Michel Onfray. Didier Raoult en a cette fois été à l'initiative. À une journaliste franco-libanaise, Zeina Trad, venue l'interviewer sur l'épidémie et amie, a-t-elle glissé, du philosophe normand, le patron de l'IHU a soufflé : « Dites-lui que j'apprécie son travail et que j'aimerais juste lui parler. »

Onfray est partant. Flatté, même. « Assez surréaliste, racontera-t-il sur son blog, de converser avec cet homme que la presse mondiale sollicit[e] et qui trouv[e] le temps d'une conversation philosophique. » Depuis des semaines, des Antilles ou de sa Normandie, le philosophe observe le Marseillais au « curriculum vitae planétaire long comme deux bras », mais aussi ceux qui en face contestent ses méthodes ou, dit-il, s'arrêtent à sa chevelure pour critiquer

« sa mégalomanie, sa paranoïa, son caractère de cochon, son orgueil, son délire, ses coups de gueule, sa gestion de dictateur ». Onfray, bien sûr, se reconnaît en Raoult : « Quand on voit tous les ennemis de cet homme, on a franchement envie d'être son ami. » Lors de cette conversation, il n'est pas encore question de diarrhées et de suées, mais d'épistémologie et de pensée pure. Raoult fait vite savoir qu'il n'est pas seulement un génie des microbes, ou un pur esprit scientifique, mais qu'il possède une solide culture littéraire. Il peut parler d'autre chose que de Covid, de chloroquine et de courbes en cloche. Lui aussi a lu Nietzsche à « quatorze ans » et a été ébloui par *Le Gai Savoir*. Faits pour s'entendre ?

Onfray trouve, de plus en plus, qu'il y a trop d'immigrés. Raoult lui défend le métissage et adore Marseille « la métèque ». Après les attentats de 2015, Onfray n'était « pas Charlie » ; Raoult si, et s'inquiétait de voir ressurgir un « antisémitisme de gauche déguisé en antisionisme ». Le professeur est rancunier, mais à l'inverse du philosophe ne recuit pas ses haines personnelles en puisant dans l'imagerie de l'entre-deux-guerres (« faisans », « charognes qui puent la mort »...). En revanche, la taille de leur ego est similaire. Tous les deux crèvent l'écran ou font vendre du papier. C'est d'ailleurs le même journaliste, Franz-Olivier Giesbert, qui les a flairés avant tout le monde et les a lancés l'un et l'autre. Avec Onfray, Giesbert, alors directeur du *Point*, a monté covers, dos de kiosques et interviews-fleuves. À Raoult, il a offert ses premières véritables tribunes en lui confiant une chronique dans son magazine. Depuis, autre ressemblance, le philosophe et le microbiologiste préfèrent exercer leur magistère sur YouTube. Ils y partagent, quand ils discourent, cette même habitude de réduire l'autre au silence en le noyant de références et de citations – la préférée de Raoult, qu'Onfray découvre en ce mois de mars au téléphone : « Les modèles mathématiques ne sont que les vêtements des idées » (Husserl). Le professeur a comme lui l'art d'enrouler des mots savants dans des tas de « trucs », « machins » et « bidules ». Cette manière de tonner contre les « stupidités », « conneries » et « aberrations » des gens importants. Cette façon de parsemer ses exposés de petites phrases magiques (« si on veut clarifier », « c'est très simple à comprendre », « il faut être raisonnable »), le tout professé avec un air docte et sérieux en toute circonstance.

« Moi aussi, je fais des séminaires », glisse au téléphone Didier Raoult à Michel Onfray. Le philosophe, fondateur de l'ancienne « université populaire » de Caen, l'ignorait. Depuis 2018, le microbiologiste organise des rencontres, les « mercredis de l'IHU ». Une fois par semaine, explique-t-il à Onfray, il endosse (dans son faux amphi romain) le rôle d'« agitateur » (la terminologie maison) face à un public de médecins généralistes venus au départ se tenir au courant des dernières trouvailles de la recherche. Sans blouse blanche, il leur parle d'épistémologie.

« Connaissez-vous Feyerabend, ce disciple de Nietzsche ? » demande Onfray. Feyerabend !? L'anarchiste méthodologique ? Celui qu'on surnomme « le pire ennemi de la science » ? Raoult vient justement de lui consacrer son dernier séminaire avant le confinement ! Depuis l'épidémie de Covid, il peste contre la « dictature » des statistiques ou des études randomisées et a été « remué » par la lecture de ce

Paul Feyerabend et de son *Contre la méthode. Esquisse d'une théorie anarchiste de la connaissance*. Il a raffolé de la formule choc de ce « dadaïste de l'épistémologie » : *Anything goes* (« Tout est bien », comprendre : aucune idée n'est assez condamnable ou amorale pour être négligée ou abandonnée et aucun remède, si vieux soit-il, non plus.)

Didier Raoult pourrait passer des heures à parler de tout cela avec Michel Onfray au téléphone. Comme il le dit souvent, « la plupart des grands journaux sont incapables de tolérer qu'on remette en cause les grandes théories. On utilise la méthode pour imposer un point de vue qui a été développé progressivement par l'industrie pharmaceutique. » Jamais Raoult pourtant n'ira aussi loin que ce qu'Onfray écrit dans son billet du 10 avril. Pour lui, le professeur marseillais incarne le « héros » face aux « mercenaires » des labos, des « salauds » qui trouvent que la chloroquine « ne fait pas dégager les bénéfices planétaires escomptés » et optent ainsi, de mèche avec le pouvoir, « pour la mort des gens ». Avec, en chef de file des « salauds », « monsieur Lévy, notoirement monsieur Buzyn à la ville », n'hésite pas à écrire Michel Onfray.

En ce mois de mars, tous les complotistes se penchent sur les conditions de vente de l'« HCQ », comme on écrit l'hydroxychloroquine sur les réseaux sociaux. Des publications et des vidéos partagées des milliers de fois assurent que le gouvernement a « fait interdire » le Plaquénil dans un arrêté du 13 janvier 2020, soit au moment où débute l'épidémie, pour plaire aux « labos » furieux que Didier Raoult ait trouvé un remède très économique et donc peu rentable. Agnès Buzyn était encore ministre de la Santé à l'époque, s'emballe le Net, et « Lévy », s'excitent des commentateurs ouvertement antisémites, est son mari. Dans la presse aussi, on s'interroge. On ressort le contentieux (connu alors par les seuls rubricards médicaux ou scientifiques) entre le micro-biologiste marseillais et l'ex-patron de l'Inserm. On examine la querelle sous toutes les coutures. Ce passif pourrait expliquer la mauvaise réputation faite à Raoult, certains bâtons qu'on lui a mis dans les roues lors de la création de son IHU, mais certainement pas « l'interdiction » à la vente du Plaquénil, qui d'ailleurs n'en est pas une. Ce médicament a simplement été classé sur une liste de traitements nécessitant une ordonnance en raison d'effets secondaires graves (des troubles oculaires), après une réflexion des autorités de santé entamée en 2018 et 2019, bien avant donc l'apparition du nouveau virus, mais rien n'y fait. Michel Onfray se contente, lui, d'affirmer que le protocole Raoult « présente l'inconvénient majeur, pour l'industrie pharmaceutique, de ne pas dégager des fortunes en jouant avec la santé des malades ».

Cette question turlupine Jean-Luc Mélenchon qui, en ce mois de mars, a lui aussi pris rendez-vous par téléphone avec le professeur Raoult, un jeudi, à 10 h 30 pile. Après quelques minutes de conversation (le chef de file de La France insoumise a des questions sur la politique sanitaire du gouvernement) et un petit détour par la chloroquine (Didier Raoult assure au téléphone que son traitement n'est « pas plus dangereux que n'importe quel médicament autorisé »), le sujet surgit à nouveau. Mélenchon a besoin « qu'on éclaire sa lanterne » et soumet au professeur la question que ses collègues de l'Assemblée ont inscrite sur sa liste : « Pourquoi la chloroquine qui était en vente libre a-t-elle été classée soudainement comme substance vénéneuse en janvier ? »

« Je n'en sais rien, répond Didier Raoult.

— Mais encore ? demande Mélenchon.

— Vraiment, je ne sais pas. »

Le soir même, le député écrit : « Le professeur est trop mal aimé par les belles personnes pour ne pas éveiller l'intérêt. Surtout quand ça part des amis de madame Buzyn. » Un contact téléphonique, « ce n'est pas grand-chose mais c'est aussi des fois assez pour se faire une idée sur une personne. Je n'ai pas été déçu », ajoute Mélenchon. Comme Onfray, il s'est, en partie, identifié à Raoult. Sur son blog, il explique que le « tableau » du professeur souvent dépeint en « sauvage malpoli et provocateur », lui a rappelé de mauvais souvenirs. Lui-même, rappelle Mélenchon, a droit au même genre de descriptions de la part de ses adversaires politiques : « animal agressif, demi-dément qui se croit "sacré" et se prend pour la République… ». Dans les attaques lancées contre Raoult, il y a la même « odeur de peinture », celle « dont disposent la bonne société, ses médias et ses plumes à gages » conclut l'insoumis de l'Assemblée nationale.

Au même moment, dans le bocage vendéen, le chouan Philippe de Villiers met la dernière main à son nouveau pamphlet, *Les Gaulois réfractaires demandent des comptes au Nouveau Monde*. Et le vicomte, comme avant lui le philosophe et le député, trouve dans la figure du professeur de quoi nourrir ses propres obsessions. Il l'appelle « le Druide » et prétend même avoir été le premier à lui trouver ce nom de baptême. Un druide, se grise de Villiers, « fait chanter les cigales face au chœur des vestales effarouchées et distribue le gui de la guérison à ceux qui ne savent plus à quel saint se vouer ». Le chouan hume le parfum de la jacquerie (« j'appelle à l'insurrection » dit-il aujourd'hui), et l'auteur de best-sellers le livre à venir. Ainsi, à peine les *Gaulois* terminé, il s'attelle à son nouvel ouvrage, *Les Jours d'après*, dont la publication est prévue pour 2021 (une mixture conspirationniste où de Villiers mélange « Big Pharma, Big Data, Big Finance », ce « directoire d'influence mondiale » qui, délire-t-il, avait « anticipé la catastrophe » du Coronavirus). Il se voit déjà en faire la promotion sur les plateaux télé en dénonçant « le bio-pouvoir exercé par le maréchal Delfraissy ».

En attendant, il se vante de converser régulièrement au téléphone avec le microbiologiste. Raoult, quant à lui, a expliqué à ses proches qu'il « parle avec tout le monde » et que les portes de son IHU pourraient s'ouvrir à la visite de n'importe quel politique, y compris du Rassemblement national. Raoult ne se laisse enfermer par aucun chef de parti ni aucun idéologue. À chacun, il offre sa facette la plus séduisante. C'est, dit-il, l'avantage de sa riche et complexe personnalité. Pour de Villiers, il remonte la branche la moins connue de son luxuriant arbre généalogique : parmi ses aïeux, révèle-t-il au vicomte, figure aussi un descendant de La Rochejaquelein, le meneur des chouans, dont il a fait inscrire la fameuse devise à l'IHU : « Si j'avance, suivez-moi ; si je meurs, vengez-moi ; si je recule, tuez-moi. » Une ascendance vendéenne ! Cette fois, de Villiers frise l'extase. « Tenez bon, dit-il à Raoult. Ne vous occupez pas de tous ces connards. Les Français vous aiment. »

Raoult ? Le nouveau général (de Gaulle ou Boulanger) ? Le prochain leader « populiste » ? Le parfait rebelle transcendant droite et gauche ? Le 25 mars, l'institut Odoxa le fait entrer dans son baromètre des « personnalités politiques » préférées des Français où il arrive en deuxième position. Le sondeur explique qu'il a dû ouvrir son palmarès « à ceux qui, avec la crise actuelle, ont un rôle important », puisque « trois Français sur quatre ne font plus confiance au gouvernement face à l'épidémie ». Raoult, le recours ! Presque les deux tiers des sondés, indique encore Odoxa, veulent que les autorités « suivent l'option chloroquine proposée par le professeur sans attendre les résultats des essais cliniques en cours ».

20

MACRON CHEZ RAOULT

Ce 9 avril, c'est jour de gloire pour Didier Raoult. Bien sûr, il se ferait couper en morceaux plutôt que de reconnaître la munificence de ce cadeau présidentiel. Mais la visite restera dans les annales. Le chef de l'État se rend chez le professeur, et dans la hiérarchie des valeurs de Raoult le fils de militaire, le multi-médaillé, le professeur de classe exceptionnelle, la star des maladies infectieuses, c'est quand même d'un autre niveau qu'Onfray, de Villiers ou Mélenchon.

Aujourd'hui, dans son *bureau du destin*, Didier Raoult résume cette rencontre au sommet avec Emmanuel Macron en disant : « Vous savez, parfois, on a l'impression que les cervelles se frottent les unes contre les autres. Quand cela arrive, comme avec le président, c'est agréable. » QI contre QI. « Macron est comme moi, ça se voit assez rapidement, il sait reconnaître les gens qui sont intelligents. En plus, il est horriblement sympathique. » Lorsque le patron de l'IHU évoque cette mémorable journée, on sent presque poindre une nostalgie : « C'était tellement joyeux. Tous ces jeunes internes, ces étudiants africains qui hurlaient "Monsieur le président" et qui voulaient prendre des photos. Il y avait une vitalité, une gaieté, c'est ça qui lui a plu aussi quand il est venu ici. » Un moment parfait. La seule chose que regrette le professeur, c'est que le chef de l'État ne soit pas venu chez lui « en hélicoptère ». Il aurait pu atterrir sur le toit de l'IHU. « On est équipés pour ça. » Dans l'album de souvenirs de Didier Raoult, cette arrivée aéroportée aurait eu encore plus de gueule. Mais c'est fini tout ça, c'est loin, déjà une autre époque, celle où il était tout en haut, d'où sans doute cette impalpable mélancolie.

Ce 9 avril, donc, le Falcon présidentiel se pose à Marignane et Emmanuel Macron arrive à l'IHU dans l'une des voitures noires qui déboulent en cortège, avec motards et gyrophares, sur le boulevard Jean-Moulin. Seuls quelques très proches ont été mis dans la confidence. « Tu vas voir, on va se marrer demain à Marseille », a textoté Emmanuel Macron à un de ses conseillers. Didier Raoult n'a lui-même été prévenu que la veille au soir. Déplacement surprise, façon Blitzkrieg.

Le président veut prendre tout le monde de court. La presse n'apprend son déplacement que lorsque le Falcon descend vers Marseille. Objectif : éviter les polémiques, couper l'herbe sous le pied des détracteurs du Marseillais et en même temps ravir ses supporters sans en devenir l'otage. Pari très risqué. Mais Raoult est devenu incontournable. Il cristallise trop de mécontentements. Voilà qu'on en vient à le tester dans les sondages comme un vrai politique. Et pourquoi pas en candidat pour la prochaine présidentielle ? « Il faut le traiter », répète Macron comme chaque fois qu'autour de lui quelqu'un prend trop de place.

Didier Raoult, lui aussi, fait de la tactique. Il a entre les mains les conclusions de son troisième essai clinique, mené cette fois sur 1 061 patients soignés à l'hydroxychloroquine additionnée d'azithromycine. Et il a encore prévu d'en faire publication de manière originale : son premier comité de lecture sera le président de la République. Le 16 mars, pour l'essai portant sur 26 malades, il avait grillé Emmanuel Macron en diffusant une vidéo triomphale sur l'efficacité de la chloroquine quelques heures avant l'annonce du confinement. Cette fois, le chef de l'État aura la priorité… pour la présentation des résultats du nouvel essai de l'IHU.

Les voilà dans les couloirs de l'Institut, « le Professeur et le Chef de l'État », comme une scène de genre, avec dans leur sillage une quinzaine de collaborateurs de l'Élysée ou de l'IHU. Jean-François Delfraissy, le président du Conseil scientifique, suit lui aussi. Il est le seul invité officiel d'Emmanuel Macron, embarqué dans le même Falcon mais un peu à contrecœur. Si l'immunologiste émarge encore officiellement au conseil d'administration de l'IHU (qui se réunit peu), ses relations avec Didier Raoult ont atteint un point de non-retour. Depuis deux semaines, le Marseillais dit pis que pendre de lui. Mais Delfraissy n'a encore rien vu, même si pour le moment, à l'IHU, tout est calme. La petite troupe avance et le professeur mène la visite : le matériel de pointe, le dispositif électronique pour surveiller le lavage des mains, la puce dans la chaussure, les spectromètres, le labo P3 ultrasécurisé… Trop occupé à guider Macron jusqu'à son bureau, il n'entend pas le directeur général de l'ARS-Marseille, bien obligé d'assister lui aussi à la visite présidentielle, glisser à l'un des conseillers de l'Élysée : « Qu'est-ce que vous faites là ? Vous êtes dingues. » Arrivée au quatrième étage, la petite troupe s'engouffre dans le QG du patron.

Le professeur s'assoit derrière son bureau, dans son fauteuil en similicuir. Le chef de l'État a droit à une chaise en face de lui et place Delfraissy à sa droite. Le directeur de l'ARS reste debout contre la porte, la mine renfrognée. Les autres prennent place comme ils peuvent dans la pièce. Tout va bien encore. Avant de rentrer dans le vif du sujet, l'œil du chef de l'État se pose, forcément, sur le bric-à-brac du professeur. Il y a tant de choses à voir dans ce bureau, entre le Capitole et la roche Tarpéienne. Le Poséidon et son trident, le globe terrestre qui tourne, le petit frigo aux vitres transparentes avec l'Opinel et le casse-croûte du midi dedans, les caisses de grands crus qui traînent dans un coin. Et bien sûr les photos des ancêtres, en premier lieu celle du père, André, en compagnie du Général.

Fatalement, le professeur rappelle au chef de l'État la saga familiale. Il lui en a déjà donné plusieurs fois – depuis leur première rencontre à l'Élysée le 5 mars – un aperçu par téléphone, à grands coups de « j'ai été élevé dans l'idée qu'il faut désobéir » ou de « “restez chez vous en attendant que ça passe”, vous avez bien compris que ce n'est pas ce que j'ai entendu tous les dimanches ». Il lui décrivait déjà la campagne de dépistage lancée par l'IHU « malgré le défaitisme ambiant » et les psychorigidités de l'agence régionale de santé qui l'avait bombardé de communiqués sur les « consignes nationales ». Quant au Conseil scientifique, heureusement qu'il en a claqué la porte. Un machin, dirait de Gaulle, qui n'a jamais salué le travail de l'IHU de Marseille. « Rien de fiable scientifiquement là-dedans… Des personnes qui ne savent pas de quoi elles parlent… des consensuels… et le consensus c'est Pétain », « des maniaques de la méthodologie », un « habillage pseudo-scientifique ». Cela n'a rien changé. Mais la vengeance est un plat qui peut aussi se manger froid. Et ce 9 avril, Delfraissy et le directeur de l'ARS sont quasiment enfermés dans son antre avec Macron en spectateur.

« Vous êtes fous de ne pas avoir fait faire de tests, ressasse le patron de l'IHU devant le président de la République [qui n'a pas encore créé sa « cellule » élyséenne pour régler le problème]. On vous a raconté que la PCR, c'était vachement compliqué et qu'il fallait des centres nationaux de référence. En vérité, n'importe qui est capable d'en fabriquer. Que l'État investisse et après les gens se démerdent…

— Je sais, répond le président de la République. Vous avez été le premier à me l'avoir expliqué, personne ne l'avait fait, et vous aviez raison.

— Nous n'avions pas de tests début mars…, rappelle Delfraissy.

— Écoute Jean-François, les vétérinaires étaient prêts à vous en donner des milliers », coupe Raoult. Le professeur raconte au président comment, en mars, alors que lui-même était en panne de réactifs, ses équipes ont sollicité le laboratoire vétérinaire Biosellal, à Lyon. « Avant, ce labo avait appelé le Conseil scientifique, affirme le patron de l'IHU en pointant Delfraissy. Ils nous l'ont dit ! Tu ne leur as pas répondu. Moi, j'ai tout pris. De quoi faire 150 000 tests. » Et puisqu'il faut tout mettre sur la table, Raoult revient aussi sur cet épisode qu'il garde en travers de la gorge : comment la bureaucratie ministérielle et les tracasseries de l'ARS ont empêché ses dépisteurs de monter dans l'avion des Français de Wuhan rapatriés à Carry-le-Rouet, « faute de CPP en règle », c'est-à-dire d'approbation du comité de protection des personnes qui, rappelle-t-il, pour un simple écouvillon dans les narines, a voulu faire signer aux « testés » un questionnaire long comme le bras et des documents en quadruple exemplaire. « Yanis, va chercher les formulaires pour les montrer au président… », lance le professeur au jeune Roussel. Le chargé de com à l'IHU et « marcheur » de la première heure ne se fait pas prier. En ce 9 avril, ses deux héros sont réunis dans la même pièce, mais c'est Raoult qui parle le plus. Même Macron ne peut pas en placer une. Quant aux autres…

« Tais-toi, Yolande ! » (Obadia, la présidente de l'IHU), « Je te l'ai déjà dit, Jean-François… » Raoult mène le bal et Delfraissy ronge son frein. Il attend le moment où le microbiologiste va présenter les conclusions de sa dernière expérimentation. Fin mars, il avait tenté de le raisonner : « Didier, tu as tout ce qu'il te faut pour faire une étude randomisée », c'est-à-dire conforme aux procédures standards. « Vas-y ! » Raoult avait rétorqué : « Ça sert à rien. » Maintenant, le voilà qui déroule devant le président ses courbes et ses colonnes de chiffres, diapos à l'appui : sur 1 061 patients traités par sa bithérapie, la « guérison virologique » a été obtenue en 10 jours pour 973 d'entre eux, soit pour « plus de 91 % » des malades. « Vous pouvez voir, insiste Raoult, que le taux de guérison est extrêmement élevé. La combinaison HCQ-AZ, lorsqu'elle est démarrée immédiatement après le diagnostic, est un traitement sûr et efficace pour ce Covid, avec un taux de mortalité de seulement 0,5 % chez les patients plus âgés. Il évite l'aggravation et élimine la persistance et la contagiosité du virus dans la plupart des cas. » Pas davantage que pour ses deux précédents essais cliniques, présentés le 16 et le 27 mars, le patron de l'IHU n'a comparé cette cohorte de 1 061 malades avec des patients qui n'ont pas reçu le traitement. Pas de « groupe contrôle ». Il continue à s'affranchir des règles des essais comparatifs. Il a déjà dit ce qu'il en pense : pas le temps et pas la peine, puisque la chloroquine, ça marche.

Alors, il embraye sur un autre sujet : la mortalité par tranches d'âge, jeunes, vieux : « 85 % des décès, dit-il, concernent les plus de 65 ans ». Delfraissy bout intérieurement : Raoult est en train de faire le beau devant le président avec des données déjà connues de tous les spécialistes du Covid. « Mais dans ton étude, quelle est la proportion de gens âgés ? Dis-le-nous ! — Ce n'est le problème. Nous avons aussi mené depuis un moment une série montrant que les petits enfants étaient moins infectés, poursuit le patron de l'IHU. Personne ne savait ça à l'époque. » C'est là que le flegme de Delfraissy finit par se craqueler (un peu) :

« Tu dis ça, Didier, mais les échantillons étaient bien trop faibles et tout le monde n'est pas d'accord... Vraiment, ajoute-t-il timidement, tu aurais dû faire une vraie étude randomisée.

— Écoute, Jean-François, ça suffit ! Tu m'emmerdes avec ta méthode, explose Raoult. Moi je suis un médecin qui veut soigner les gens. » Sous les yeux du chef de l'État, le professeur attrape un graphique et le brandit devant le président du Conseil scientifique : « Je ne sais pas qui te raconte ça, mais voilà le papier : 600 gosses testés et 0 positif. » Delfraissy cherche de l'air, guette un soutien, mais Emmanuel Macron reste silencieux ; alors il finit par rentrer les épaules, même si sur les entorses à la méthodologie de Raoult et l'efficacité de son protocole, c'est lui qui a raison.

On n'interrompt pas un show de Didier Raoult, et personne à l'extérieur ne se doute de la pièce qui se joue. Voilà trois heures que les chaînes d'info en continu meublent leurs directs, caméras fixées sur le toit de l'IHU, sans autres images que des silhouettes blanches et un président en costume qui traversent la terrasse. Nouvelle visite des locaux. En sortant, Emmanuel Macron ne fait aucune déclaration à la presse sur ce qu'il a vu et entendu à l'IHU. Et encore moins sur Didier Raoult. Mais dans la voiture qui le ramène à l'aéroport, il croit pouvoir affirmer : « J'ai compris le bonhomme. »

Qui sait que cette rencontre a failli ne pas avoir lieu ? Le président a dû y renoncer deux fois. Dès qu'il en émet l'idée, tout son entourage ou presque y est hostile et bien plus remonté que lorsqu'il avait inscrit Raoult sur la liste des invités de la réunion du 5 mars préfigurant le Conseil scientifique. Rencontrer à Marseille celui qui ferraille contre la communauté médicale alors que les études cliniques ne permettent toujours pas de se prononcer sur les effets de sa bithérapie ? De la folie, soupire le cabinet d'Emmanuel Macron. Anne de Bayser est à nouveau la plus hostile. Ce déplacement va donner l'impression que le président de la

République adoube le professeur et sa chloroquine. Alexis Kohler, le secrétaire général de l'Élysée, ne le sent pas non plus. Emmanuel Macron fait mine de consulter le président de l'Assemblée nationale, mais Richard Ferrand comprend vite que son avis comptera pour du beurre : « Tu as décidé d'y aller, pourquoi tu me poses la question ? »

Pour faire passer la pilule, le chef de l'État cale juste avant sa descente à Marseille, le 9 avril au matin, une visite avec des chercheurs à l'hôpital du Kremlin-Bicêtre… où Jean-François Delfraissy tient une consultation. Et convie ce dernier à voyager avec lui jusqu'à Marignane dans le « carré VIP » du Falcon présidentiel. Évidemment, pour Macron, aller « chez Raoult », c'est d'abord « traiter » un phénomène social et politique. Les Gilets jaunes, qu'il n'avait pas vu arriver, lui ont déjà pourri l'hiver 2018. Ils n'ont pas encore trouvé le héraut qui pourrait tous les rassembler, mais déjà les journalistes éditorialisent sur le baromètre Odoxa qui place Raoult à la deuxième place des « personnalités politiques » : et s'il se lançait en politique ? Que ses tests finissent par démontrer l'efficacité de la chloroquine, et le Marseillais deviendra définitivement un héros populaire (voire interplanétaire), une espèce qui fait très peur à Emmanuel Macron. Il « traite » donc, mais il a aussi envie de jauger de près l'animal. Son épouse, Brigitte, l'y encourage. Elle entend parler de Raoult depuis le 18 mars par l'une de leurs amies : Sabrina Roubache, « vraie Marseillaise » née à Félix-Pyat, une cité parmi les plus défavorisées de la ville. Les Macron ont sympathisé avec cette dynamique productrice de télévision et son mari, Jean-Philippe Agresti, le doyen de la fac de droit et de science politique d'Aix-Marseille durant la campagne présidentielle de 2017. Or, celui-ci s'est présenté sur la liste LR de Martine Vassal aux municipales de mars. Et après avoir mené campagne avec lui, sa femme s'est réveillée avec une sale fièvre. Le Covid ! Elle n'a que quarante-trois ans mais souffre d'asthme. Lorsqu'elle est hospitalisée à l'IHU, Brigitte Macron prend tous les jours de ses nouvelles. Sabrina Roubache lui raconte par le menu sa prise en charge dans le service du docteur Philippe Parola : « Voulez-vous le protocole Raoult ? En connaissez-vous les effets indésirables ? Vous pouvez aussi choisir de ne prendre que de l'azithromycine. — Donnez-moi ce que vous voulez mais soignez-moi ! » répond la malade. Au bout de deux jours de traitement, elle annonce à l'épouse du chef de l'État : « Je prends de la chloroquine, et je vais déjà mieux. » L'IHU, ajoute-t-elle, fait montre du plus grand professionnalisme : scanner pour vérifier l'atteinte pulmonaire, électrocardiogramme à l'arrivée et à la sortie pour s'assurer de la résistance du cœur, tests programmés toutes les quarante-huit heures pendant dix jours après avoir quitté l'établissement… Brigitte Macron finit par lui demander le portable de Didier Raoult. « Il est super », dit après sa conversation téléphonique avec le professeur la Première Dame à son amie marseillaise, et évidemment à son époux, le président de la République.

« À son tour Macron consulte Raoult », affiche à sa une *Le Parisien* le 10 avril au lendemain du raid élyséen. « Macron n'écarte plus le traitement Raoult », surenchérit *Le Figaro* tandis qu'en première page de *La Provence* (« Trois heures chez Raoult »), l'ami Franz-Olivier Giesbert, désormais retraité du *Point* et naviguant entre Paris et Marseille, applaudit la revanche du professeur : « On ne pouvait continuer à traiter plus bas que terre un homme dont le traitement contre le coronavirus obtient des résultats que l'on peut commencer à qualifier d'incontestables, même s'ils ne sont pas validés scientifiquement. » Et pourtant, « que n'a-t-on pas entendu sur Didier Raoult présenté par les prétendues "élites" de la capitale comme un mirliflore marseillais, Diafoirus provençal, docteur Mabuse ? ». Alors que, poursuit le célèbre journaliste, « notre région résiste beaucoup mieux que d'autres au Covid ». En ce mois d'avril, le taux de mortalité est en effet deux à trois fois moins élevé dans les Bouches-du-Rhône que dans le reste de la France. « Comment croire », demande l'ex-directeur du *Point*, que la bithérapie de l'IHU « n'y soit pas un peu pour quelque chose » ?

21

ÇA MARCHE PAS

Didier Raoult ne lit jamais rien de « ce qui se dit ou s'écrit sur lui ». S'il lui en prenait l'envie, après la visite d'Emmanuel Macron, il verrait à quel point « sa » chloroquine divise le pays en deux. Mi-avril, une étude de l'Ifop révèle que 98 % des Français en ont entendu parler. Un taux de notoriété « rarement vu », soulignent les sondeurs, surtout pour un médicament, et la preuve que la chloroquine est devenue un « objet social ». Parmi les sondés, une majorité (59 %) la juge efficace contre le Covid. « Cette croyance cristallise un clivage Sud-Nord. À Marseille, c'est presque un élément de fierté régionale », commente le directeur du pôle politique de l'Ifop, en précisant aussi que partout en France « cet espoir touche toutes les catégories de la population, des classes populaires aux plus diplômés ».

Alors, « ça marche », comme dirait Raoult, ou ça marche pas ? C'est une drôle de période que ce printemps 2020. Celle d'une interminable attente. Tandis que Wuhan se déconfine et que le Covid a déjà fait plus de 80 000 morts dans le monde, la demande d'hydroxychloroquine est toujours en pleine croissance, malgré des effets indésirables repérés ici et là. Dans tout le sud de la France et jusqu'en Corse, la « chloro » est devenue l'un des traitements les plus courants du Covid, y compris dans les cabinets de généralistes (et pas forcément, comme le recommandent les autorités, pour les cas les plus graves à l'hôpital). Ailleurs en France, des médecins traitants se mettent aussi à la prescrire. Selon les calculs du patron de l'IHU, la chloroquine, en cette fin de printemps, est utilisée par « quatre milliards et demi de personnes » dans le monde.

Pourtant, aucune étude de grande ampleur n'est venue prouver l'efficacité de son traitement. Discovery, l'essai coordonné par l'Inserm dans le cadre du consortium REACTing a démarré depuis mars. L'hydroxychloroquine y a bien été intégrée et ajoutée aux trois autres médicaments testés, en dépit des préventions du directeur du consortium Yazdan Yazdanpanah. Mais cette étude, réalisée en France sur un échantillon de plus 800 patients gravement atteints, ressemble déjà à une arlésienne. Emmanuel Macron avait annoncé qu'elle rendrait ses conclusions le 14 avril. Le délai a été repoussé. L'autre essai, britannique celui-là, conduit par l'université d'Oxford et baptisé « Recovery », vient tout juste d'être lancé. Il est autant surveillé que son cousin français, Discovery, mais ne prévoit pas de résultats avant juin. En attendant, les Français essaient de se frayer un chemin parmi tous ces noms de navettes spatiales et continuent de se passionner pour la « potion marseillaise ». Dans les repas entre amis ou à la table familiale, la question provoque parfois des brouilles définitives…

Depuis la visite d'Emmanuel Macron à l'IHU de Marseille, les « anti-chloro » ont perdu des points, se rassurent les « pro » très remontés par le déplacement du chef de l'État. Mais les « anti » ne désarment pas. Les travaux du professeur sont chaque jour la cible de nouvelles critiques : lacunes méthodologiques, impossibilité de comparer telle cohorte avec un groupe témoin, issue clinique de certains patients non documentée, accusations de « manipulation » des données. Les pharmacologues de la revue *Science*, qui ont compilé les dossiers médicaux de près d'un million de patients, recensent désormais des cas de troubles du rythme cardiaque chez des patients soignés à l'hydroxychloroquine. Début avril, ils annoncent qu'ils ont répertorié quatre décès subits liés au traitement. La revue médicale indépendante *Prescrire* écrit aussi sans détour qu'après examen des données cliniques existantes (notamment une étude new-yorkaise) « il n'existe pas de signal d'une efficacité » de l'hydroxychloroquine et alerte sur les « effets indésirables cardiaques graves » comme les « torsades de pointe » (des tachycardies possiblement mortelles) lorsqu'elle est associée à l'antibiotique du protocole Raoult. Le 22 mai, les « anti-chloro » croient avoir enfin gagné la partie.

Ce jour-là, *The Lancet*, une institution vieille de deux siècles et l'une des quatre revues scientifiques de référence, enterre sans fleurs ni couronnes le protocole Raoult en concluant à l'inefficacité de la chloroquine contre le Covid. Voire à sa dangerosité : seule ou associée à l'azithromycine, elle augmenterait la mortalité et les arythmies cardiaques chez les patients hospitalisés. Le patron de l'IHU réagit à son habitude sur sa chaîne YouTube : « Comment voulez-vous qu'une étude foireuse faite avec des big data change ce que nous avons vu ? Qui croyez-vous ? Celui qui a vu les malades ou celui qui a vu des données ? Je ne vais pas changer d'avis pour une publication. » Olivier Véran, si. Pour lui, l'étude du *Lancet* change la donne. En urgence, il saisit le Haut Conseil de la santé publique qui, après compilation des dernières recommandations nationales et internationales, rend un « avis défavorable » : « on peut considérer que [la chloroquine] n'apporte pas de bénéfice et peut être dangereuse ». Et le ministre de la Santé qui avait autorisé par décret, deux mois plus tôt, l'usage de l'hydroxychloroquine pour les formes sévères du Covid prend, le 27 mai, un contre-décret pour en interdire l'utilisation dans tous les cas. « Que ce soit en ville ou à l'hôpital, cette molécule ne doit pas être prescrite pour les patients atteints de Covid-19. »

Officiellement, la chloroquine, c'est fini. Comme la possibilité de continuer à en étudier les effets est « suspendue ». Car, dans la foulée, l'OMS stoppe le recrutement de patients soumis à ce traitement dans le troisième grand essai clinique international, Solidarity. L'étude française pilotée par REACTing et l'Inserm cesse, elle aussi, de tester l'hydroxychloroquine. En revanche, elle conserve dans son essai clinique jusqu'en janvier 2021 l'un des remèdes concurrents, le Remdesivir, un antiviral du labo Gilead, pourtant déjà contesté. Fin de partie, comme dirait Didier Raoult ? C'est compter sans le « *Lancet* Gate », qui va remettre en selle le professeur et son protocole.

Le quotidien anglais *The Guardian* est le premier à souligner les bizarreries de l'étude présentée par la revue scientifique. Sur les données récoltées auprès de 100 000 patients hospitalisés à travers le monde, le quotidien britannique a relevé plusieurs étrangetés. Des données de malades issues d'un hôpital australien venaient en réalité… d'un établissement hospitalier asiatique. Le système de « révision par les pairs », comme dit le petit monde de la recherche, semble opaque. Les auteurs notent d'ailleurs eux-mêmes que la hausse de mortalité doit être prise avec beaucoup de pincettes… Chaque jour qui passe taille un peu plus l'article du *Lancet* en pièces, et l'affaire prend même un tour rocambolesque lorsqu'il apparaît que la start-up américaine qui a fourni les données extraites des dossiers médicaux des patients est une obscure société fantôme dont l'une des rédactrices scientifiques est spécialiste de science-fiction, et la directrice des ventes une ancienne actrice porno, « une star érotique » dit Didier Raoult.

Au quatrième étage de l'IHU aussi, son commando scrute cette étude qui démolit la chloroquine. Où donc cette « bande d'inconnus » est-elle allée chercher ces 100 000 personnes « sorties d'on ne sait où », demande Didier Raoult. Le matin du 26 mai, à 7 h 31, Didier Raoult s'empare lui-même de l'affaire sur son compte Twitter : « Concernant l'article du *Lancet* : il n'est pas possible qu'il y ait une telle homogénéité entre des patients de cinq continents différents. Il y a manipulation préalable, ces données sont faussées. » Preuve de l'importance du scandale, son bras droit Philippe Parola (le possible successeur du « patron », murmure-t-on de plus en plus) monte au feu et répond en duplex aux questions de CNews. « Tout ce qui est dedans est soit faux, soit imprécis, soit maladroit, soit frauduleux. »

« Je ne comprends pas que les *reviewers* [les relecteurs de l'article du *Lancet*] n'aient pas vu ces failles », s'indigne aussi sur BFM Yanis Roussel, propulsé « porte-parole de l'IHU ».

Philippe Douste-Blazy s'active lui aussi. Jusque-là, l'ancien ministre de la Santé (sous Chirac), membre du conseil d'administration de l'IHU, était resté plutôt discret. Il se met à courir les médias, auréolé de son autorité d'ex-secrétaire général adjoint des Nations unies (de 2008 à 2017) et de ses compétences de cardiologue : « Didier Raoult est l'un des plus grands infectiologues au monde. Quand il dit quelque chose, il faut l'écouter » ; « si la chloroquine était un poison, on le saurait » ; « si ma famille avait le Covid, je la mettrais sous hydroxychloroquine ». Il ajoute : avec le traitement de Didier Raoult, « aucun laboratoire pharmaceutique ne gagnera d'argent. » Douste se démène tant qu'il en vient à relayer des bobards de la complosphère. Le 25 mai, il réserve un joli scoop à BFM. Les téléspectateurs apprennent que s'est tenue « l'autre jour » à Londres une « conférence Chatham House », du nom d'un think tank britannique. Et que lors de ce colloque « top secret », « complètement à huis clos », rassemblant « des responsables des revues scientifiques », le patron du *Lancet* a reconnu lui-même l'impuissance des scientifiques face aux géants d'une industrie pharmaceutique désormais si « forts financièrement » qu'ils imposent des articles aux grandes revues médicales. Qu'importe si la réunion en question, on l'apprendra rapidement, s'est tenue en avril 2015, et si le patron du *Lancet* n'y a jamais évoqué de big pharma. Le *fake* se propage en quelques heures sur les groupes de soutien à Didier Raoult.

Didier Raoult se tient à l'écart de ces outrances. Les auteurs de la calamiteuse étude du *Lancet*, étrillée par toute la communauté scientifique, ont fini par se rétracter début juin et les télévisions ne se contentent plus d'aller l'interviewer dans son bureau – il refuse de se rendre à Paris –, elles lui consacrent désormais des émissions spéciales, des rendez-vous exceptionnels, des face-à-face annoncés des heures avant leur diffusion… Chaque nouvelle apparition affole les compteurs médiatiques. Sur LCI, son interview par David Pujadas, forcément « exclusive », a été regardée par 700 000 téléspectateurs, un record.

Le professeur préfère collectionner les punchlines. Au *Parisien* qui ose lui demander s'il ne publie pas trop d'articles dans des revues scientifiques pour qu'ils soient « de qualité » : « Est-ce que vous vous demandez comment Mozart a fait ? Je vais même vous dire, en plus de cent cinquante publications par an, j'ai écrit dix livres en même temps. On n'est pas tous égaux. » Sur BFM : « Moi, je suis une star des maladies infectieuses. J'ai tout eu. J'ai un cursus qui fait rêver à peu près n'importe qui. J'ai été le plus jeune président de l'Université de France, le plus jeune président des médecins, le plus jeune de tous les professeurs de la classe exceptionnelle, le professeur le plus ancien dans le grade le plus élevé de tout ce pays en médecine, j'ai tout eu dans ma vie. » Il se laisse même aller à quelques blagues sur l'hydroxychloroquine. « Ça doit être préventif de la folie, car ceux qui ne veulent pas en prendre deviennent fous ! » Jamais il n'a semblé si plein de lui-même.

Que peuvent les résultats d'essais dans un tel climat ? Pour Didier Raoult, tout ou presque est « bidouillé ». Le

5 juin 2020, les conclusions très attendues du vaste essai britannique Recovery (le seul à avoir poursuivi ses recherches sur la molécule après l'étude du *Lancet*) sont rendues publiques. Après 28 jours de traitement, il n'y a aucune différence entre le premier groupe (1 542 patients) soigné à l'hydroxychloroquine) et celui (3 132 patients) qui a bénéficié des soins standards. « Ça ne marche pas ! » résume à Oxford l'un des dirigeants de l'essai. Ça ne marche pas, confirment toutes les études qui se succèdent les unes après les autres. Mais sans parvenir à convaincre les croisés de la fameuse molécule.

Avant de prendre des vacances, Didier Raoult doit encore être entendu par l'Assemblée nationale. Ce 24 juin, à l'entrée de la salle Lamartine, il y a presque autant de caméras que si Emmanuel Macron était convoqué par les parlementaires. Le professeur est accueilli avec révérence et chaleur par le vice-président de la commission, Éric Ciotti, un homme du « Sud » et un ardent défenseur de la chloroquine. Durant trois heures et vingt minutes, Didier Raoult déploie son savoir sans que les élus Les Républicains trouvent à redire. Quand tout à coup le généticien Philippe Berta, député Modem du Gard, pose la seule question qui lui fait perdre son calme. Elle concerne l'étude du 16 mars : la fameuse, qui avait poussé Olivier Véran à autoriser l'usage de l'hydroxychloroquine à l'hôpital, celle dont Didier Raoult a annoncé les résultats en vidéo devant ses étudiants avant de les publier dans l'*International Journal of Antimicrobial Agents* (dont l'éditeur en chef est Jean-Marc Rolain, coauteur de l'étude), celle qui a fait réagir Trump, celle dont le premier auteur, Philippe Gautret, conclut lui-même qu'elle présentait « certaines limites, notamment la petite taille de l'échantillon, le suivi limité des résultats dans le temps et l'abandon de six patients » – bref, celle qui a fait couler tant d'encre.

« Mais pourquoi, pourquoi, demande poliment le député, n'avez-vous pas fait des essais cliniques dignes de ce nom dès le départ qui auraient pu définitivement répondre oui, ou non, l'hydroxychloroquine a un effet ? Je connais tous vos travaux sur les rickettsies, vos travaux sur les maxivirus. Vous avez obtenu grâce au grand emprunt l'un des plus beaux IHU de ce pays, l'une des Rolls-Royce de l'infectiologie mondiale. Je connais votre science bien établie. Vous saviez très bien en publiant ce pseudo-essai clinique qu'il n'était absolument pas recevable. Ça nous titille tous dans notre communauté depuis le départ. C'est un peu facile de remettre en cause le système des essais thérapeutiques, mais c'est ce qui se pratique et qui va continuer à se pratiquer, y compris dans l'infectiologie. »

« Je suis désolé que vous n'aimiez pas mon essai, moi je l'aime beaucoup. » Didier Raoult tapote sur le pupitre avec ses doigts, signe d'un rare énervement. Il lève un index accusateur : « Contrairement à ce que vous dites, et là je m'excuse, c'est une erreur *rrrradicale* » (il fait rouler le *r* de rage dans sa gorge) « moins il y a de gens [dans une étude], et plus c'est significatif […]. Tout essai qui comporte plus de 10 000 personnes est un essai qui essaie de démontrer des choses qui n'existent pas. Je vous assure que je suis un très bon méthodologiste, vous l'avez dit, je suis un grand scientifique, je peux vous dire qu'il y a une dizaine des traitements que j'ai inventés qui sont dans tous les livres de référence médicaux, et celui-là y sera aussi. »

Sur ce, Didier Raoult s'en retourne chez lui, où l'été s'annonce léger. Les graphiques marseillais de l'épidémie sont magnifiques : des courbes en « cloche », jamais en « dos de chameau ». Pas de rebond à l'horizon. L'épidémie, c'est fini ! annonce le professeur sur YouTube. « Cet épisode est en train de se résoudre. Il n'y a nulle part de deuxième vague. »

22

LA VAGUE

Depuis son bateau à moteur, Didier Raoult observe sa ville. Cette année, l'idée de larguer un peu les amarres le réjouit davantage que les autres étés. Se promener en ville ou sur la plage est devenu difficile, la rançon de la gloire. Alors, il cabote, une journée vers Cassis, une autre vers le Frioul. Il a invité à bord son confrère de l'hôpital de Garches, Christian Perronne, et il n'est pas fâché de partager avec ce médecin si médiatique, adulé par certains de ses patients, ce qu'il croit être une victoire : le Vieux-Port s'éloigne mais Didier Raoult peut encore apercevoir une jeunesse joyeuse siroter bières et cocktails aux terrasses de brasseries bondées. Débarrassée du vilain virus, la ville respire. Le patron de l'IHU ne regrette pas d'avoir annoncé dès avril que l'épidémie était « en train de disparaître à Marseille ».

Raoult et Perronne sont dans un bateau. Trois ans plus tôt, la partie de navigation aurait été impossible. Les deux pontes étaient fâchés sur fond de maladie de Lyme : l'infectiologue de Garches considère, comme une minorité de médecins, que cette mystérieuse pathologie est une maladie chronique. Un de ses livres, paru en 2017, expliquait même que sa recrudescence pourrait résulter de la manipulation d'une collection de tiques par un chercheur en virologie nazi réfugié aux États-Unis. Dans sa chronique du *Point*, Didier Raoult lui avait reproché de s'aventurer sur ce terrain « sans bagage scientifique spécifique » et l'avait traité de complotiste. Mais Perronne l'a tellement défendu ces derniers mois sur la chloroquine, écumant les plateaux télévisés pour rappeler que le patron de l'IHU est « l'un des plus grands microbiologistes au monde », que Raoult s'est « excusé » d'avoir eu par le passé des mots si durs. Et pour que le professeur s'excuse…

Les deux infectiologues ont aussi besoin de se serrer les coudes face à des confrères qui tentent de faire d'eux des parias de la médecine. Didier Raoult est visé depuis début juillet par une plainte de la Société de pathologie infectieuse de langue française, la Spilf, devant le conseil départemental de l'Ordre des médecins : « manquement au code de déontologie de la profession » et aux « devoirs de confraternité », « promotion d'un traitement dont l'efficacité n'est pas démontrée », « diffusion de fausses informations », « réalisation d'essais cliniques hors du cadre légal »… La Spilf lui reproche aussi de ne pas avoir hésité à qualifier ceux qui ne prescrivaient pas son traitement de « fous ». Perronne est aussi visé par l'Ordre pour s'être attaqué à des confrères : dans le livre qu'il a publié au début de l'été, *Y a-t-il une erreur qu'ils n'ont pas commise ?*, il prétend que l'hydroxychloroquine, si elle avait été largement prescrite en France, aurait permis d'éviter « 25 000 morts ». Dans les médias, il accuse aussi le CHU de Nantes d'avoir « laissé crever » son beau-frère en refusant de lui prescrire le protocole Raoult.

Il se console en voyant son ouvrage caracoler en tête des ventes (déjà plus de 50 000 exemplaires vendus, un score qui doublera encore), tandis que Raoult profite de ses premiers moments de repos pour honorer quelques invitations. Nicolas Sarkozy, qui l'a défendu durant la crise (« un homme de grande qualité »), l'attend avec son épouse au cap Nègre. Le professeur veut aussi mettre à exécution l'une de ses promesses du printemps : débattre avec Bernard-Henri Lévy.

Depuis que BHL l'a soutenu par un tweet, le professeur a échangé par mail avec lui. Son épouse Natacha, surtout, a nourri cette correspondance. Elle a apprécié le petit essai publié au printemps par le philosophe, dans lequel il accuse l'hygiénisme d'avoir pris le pouvoir sur les esprits et dénonce – comme Didier Raoult – un « confinement moyenâgeux ».

Le 7 juillet, les deux hommes se retrouvent par Zoom pour une rencontre organisée par le barreau de Paris et, si l'on en croit le bloc-notes du *Point* qui a suivi la rencontre, la distance n'a pas empêché BHL de tomber sous le charme de son interlocuteur. Il a réussi à trouver un sens à sa chevelure – « cette mèche rebelle et cette barbe, non moins rebelle et blonde, qui semblent là pour assurer qu'il n'est pas de ces bien peignés et policés qui, quand l'urgence commande et que le diagnostic doit tomber comme la foudre, coupent les cheveux en quatre et se perdent dans leurs normes ». Il a aussi repéré derrière « la prunelle minérale, noire d'intensité et d'ardeur », l'œil d'un « grand patron qui doit décider vite, trancher, surmonter l'épreuve intime du doute ». Ce médecin « apaisant » a su ne pas tomber dans le pessimisme ambiant. Pendant le débat, il a d'ailleurs assuré qu'il n'y avait « pas de fatalité de la deuxième vague », et BHL l'a bien noté.

Quelques semaines plus tard, Didier Raoult accueille Michel Onfray. Il faut beaucoup de talent pour fréquenter le même été ces deux intellectuels ennemis. Mais au Normand aussi, le professeur Raoult avait fait une promesse, celle de lui faire visiter l'IHU. Onfray s'est déplacé avec Stéphane Simon, l'homme qui lui sert d'impresario dans les médias et avec lequel il vient de lancer une revue et un site payant : *Front populaire*, une chaîne ouvertement « populiste » et hostile aux « médias officiels » dont les contributeurs vont d'une Gilet jaune au maire de Béziers, Robert Ménard, en passant par Philippe de Villiers et un ancien porte-parole de La France insoumise. Didier Raoult, lui, a promis un article sur « L'État profond ». Mieux, il accepte, emballé, la proposition d'Onfray d'inaugurer en octobre, à Marseille, la première rencontre de *Front populaire*. « À nous deux, on peut remplir le stade Vélodrome », s'enthousiasme le patron de l'IHU.

En attendant, Marseille exorcise son confinement. Les restaurants sont pleins, comme les hôtels. La plage des Catalans est ouverte la nuit, une mesure symbolique à laquelle la nouvelle maire écolo de la ville, Michèle Rubirola, a tenu. La jeunesse danse sur les rooftops, légère et insouciante. Le patron de l'IHU avait expliqué au printemps que le ralentissement de l'épidémie s'expliquait par « le diagnostic et le traitement systématiques » des patients dans son hôpital, et c'est comme si la ville se sentait protégée – immunisée – par la présence de son « druide ». Même virtuelle.

C'est vrai, ça, où est passé Didier Raoult ? Les journalistes réalisent qu'ils ne l'ont plus aperçu depuis un moment.

À Marseille, la rumeur court qu'il aurait attrapé le virus. Et puis un hebdomadaire économique, *Entreprendre*, assure qu'il aurait été débauché par l'université de Pékin afin de poursuivre ses travaux à l'étranger. En réalité, le journaliste s'est fait piéger par un faux professeur Raoult. Le patron de l'IHU est bien là, à Marseille, et si on l'entend moins, c'est peut-être à cause du troublant phénomène qui survient dans sa ville.

Le 23 juillet, le commandant du bataillon des marins-pompiers de Marseille alerte l'ARS, le préfet et Michèle Rubirola : d'après son système d'analyse des eaux usées (très performant car les asymptomatiques rejettent le virus comme les autres), un rebond de l'épidémie se profile. « N'oublions pas que Marseille est un port », s'inquiète aussi Annie Lévy-Mozziconacci, l'une des conseillères municipales qui est aussi généticienne au CHU de Marseille-Hôpital nord. Lentement, des files se forment à nouveau devant l'IHU, mais ce n'est plus le même public que lors de la première vague. Les personnes qui présentent des symptômes ont singulièrement rajeuni. Ce sont des minots, comme on dit à Marseille, qui souvent prennent leur tour le matin en sortant d'une fête.

Pour le gouvernement, les Bouches-du-Rhône sont désormais une « zone de circulation active du virus ». Mi-août, la ville et le département passent en vigilance renforcée. Des fermetures administratives sont décidées, l'ARS active le niveau 2 du plan blanc dans les hôpitaux. Le 25 août, le préfet réclame le port obligatoire du masque dans toute la métropole et surtout la fermeture des bars et restaurants à

23 heures. Pour Michèle Rubirola et Martine Vassal, ces mesures sont insupportables. Elles étaient candidates l'une contre l'autre il y a peu pour remporter la mairie mais, face à Paris et à ses diktats, comme elles disent, elles décident de faire front commun en organisant ensemble une conférence de presse. Et choisissent pour cela l'amphi romain de l'IHU, comme si elles voulaient se placer sous la protection du professeur Raoult. Scène surréaliste. Rubirola, l'ancienne interne de « Didier », et Vassal, qui par lui a été « sauvée du Covid », s'effacent devant le maestro qui occupe toute la place. Lorsqu'il commente ses diapos sous l'écran géant, le halo bleu du projecteur nimbe sa chevelure d'une lumière presque divine.

Le patron de l'IHU n'est pourtant pas plus clairvoyant qu'à l'hiver. Comme à son habitude, il relativise. Il compare le nombre total de morts du Covid (800 000 personnes en cette fin d'été) à celui de la grippe espagnole – 5 millions. Une nouvelle fois, il fait remarquer que la mortalité est « deux fois plus faible » à Marseille qu'à Paris. À peine si le professeur évoque un « acte II » de l'épidémie. Face à la fronde, le gouvernement recule et autorise bars et restaurants à rester ouverts plus tard.

Bref répit, car « l'aggravation des chiffres d'incidence » à Marseille conduit Olivier Véran à placer à nouveau le 23 septembre les Bouches-du-Rhône en « zone d'alerte maximale », avec fermeture des établissements et couvre-feu dès le dernier week-end du mois. « Un affront », s'indigne Benoît Payan, le maire par intérim. « Une punition collective ! » ajoute Muselier. « Je n'accepte pas ! » tweete Michèle Rubirola. Cette fois, c'est la guerre. Totale. Géographique. Psychologique. Mathématique. Didier Raoult écrit à ses confrères des hôpitaux publics de Marseille pour leur reprocher d'envoyer des « messages trop alarmistes » à la population. Son biochimiste Éric Chabrière prétend avoir obtenu par une « taupe » au gouvernement « les vrais chiffres » de la propagation de l'épidémie, forcément très différents de ceux du ministre de la Santé, qu'il menace quasiment sur Twitter : « Véran je t'avais toujours dit que je serai derrière toi », poste-t-il avec des images de Belmondo en *Professionnel*, son 357 Magnum pointé devant lui. Ou encore : « À l'IHU on se pose des questions sur la santé mentale de M. Véran. »

Alors que l'été se termine, du meeting de Didier Raoult et de Michel Onfray finalement prévu le 1er octobre au Dôme (et non au Stade Vélodrome), du rêve du professeur de haranguer les foules marseillaises, il ne reste que des affiches intactes : deux hommes sur un ciel bleu, l'un en pull noir, l'autre dans son éternelle blouse blanche, tandis qu'une deuxième vague déferle sur toute la France.

23

L'ORDRE DU LION

Le 2 octobre, à une heure du matin, Donald Trump annonce sur Twitter qu'il est atteint du Covid. Rien de grave, d'après lui. En réalité, son taux d'oxygène dans le sang est tombé très bas, en dessous de 90 et du seuil d'alerte. Le président américain souffre d'une pneumopathie potentiellement sévère, la principale cause de mortalité du Covid. Son état de santé est devenu si inquiétant qu'il a été placé sous oxygène avant d'être emmené à l'hôpital militaire Walter Reed. Dans son protocole de soin : un cocktail d'anticorps expérimental non encore mis en vente, du zinc, de l'aspirine, de la vitamine D, de la famotidine et de la mélatonine. Et une dose de remdesivir ! Depuis Marseille, le professeur Raoult est bien obligé de le noter : dans la posologie, nulle trace de cette « hydroxy » que le président américain disait pourtant avaler depuis deux mois à titre prophylactique – *a pill every day*, « un comprimé par jour ».

Un peu avant Noël, Didier Raoult entend aussi l'ami Onfray à la radio. Le philosophe, avec lequel il devait remplir le Dôme de Marseille pour le lancement du nouveau magazine « populiste » du Normand, est en train de le poignarder dans le dos : « Je n'ai pas envie d'être un martyr de l'hydroxychloroquine. » Mi-novembre, juste après Donald Trump, le nietzschéen s'est retrouvé au lit et a de nouveau informé ses abonnés de la progression de la maladie (des fièvres « entre 38 et 39 et demi », de « très fortes migraines », des crampes abdominales nocturnes effroyables, etc.). Cette fois, il s'agit bien du Covid et non de la dengue, comme au mois de mars. Mais au vu des antécédents du philosophe (notamment un AVC, en 2018), son médecin traitant n'est pas chaud pour lui administrer le fameux protocole, car entre-temps des tas d'études (soulignées par la revue indépendante *Prescrire*) ont montré que « parmi les effets secondaires de l'hydroxychloroquine, il y a ce qu'on appelle des torsades de pointe ». C'est ce que Michel Onfray vient expliquer sur les ondes en ce mois de décembre. Pire, sur Radio Classique, il crucifie le microbiologiste marseillais sur l'autel de ses contradictions : « Sur un certain nombre de sujets, Didier Raoult a eu tort, il a le droit. C'était une grippette, avait-il dit, qui ne ferait pas plus de morts que les accidents de trottinette : un million et demi sur la planète… Il nous avait dit, il n'y aura évidemment pas de seconde vague, on est en train de guetter la troisième. » Le professeur ne réagit pas, du moins en public, à cette petite trahison. Dans cette novlangue qu'il peaufine depuis des semaines comme pour éloigner le réel, il continue à expliquer qu'il n'y a pas de deuxième vague ou de rebond, mais un « nouvel acte » ou une « nouvelle épidémie ».

Aujourd'hui, dans son *bureau du destin*, caressant sa barbe, il lâche à propos d'Onfray : « Vous savez, il est nerveux. Moi, je ne suis pas nerveux. Honnêtement, pour dire la vérité, les gens de *Front populaire*, je m'en fous. Ils m'ont demandé une fois un truc pour leur revue, je l'ai fait, et voilà. » D'ailleurs, il a soudainement réalisé que sur Nietzsche, il était en profond désaccord avec Onfray : « Je lui ai expliqué qu'*Ainsi parlait Zarathoustra*, c'est Nietzsche pour les enfants, le pire livre du philosophe. Onfray n'est pas d'accord. Je pense qu'il a tort. » Les déboires de la « chloro » ont fait voler en éclats la lune de miel philosophique.

Dans le petit milieu parisien où, au printemps, le protocole Raoult était presque devenu tendance, la mode aussi est passée. « Je pense que l'hydroxychloroquine n'a eu aucun rôle dans ma guérison », dit Claude Perdriel, qui l'avait pourtant vantée à Bernard Arnault. Les plus fervents promoteurs de la molécule ont perdu leur enthousiasme. Les grands patrons, qui ne juraient que par Raoult, expliquent désormais *off the record* qu'ils ont été bernés et s'agacent d'apprendre qu'Emmanuel Macron – mais aussi Brigitte – continue de lui téléphoner. D'autres, qui au printemps parlaient presque de « miracle », se contentent de glisser *mezza voce* : « en tout cas, ça ne m'a pas fait de mal ». Rares sont ceux qui, comme Philippe de Villiers, mouillent encore la chemise. En avril 2021, tout à la promotion de son dernier ouvrage, le Vendéen se mettra ainsi à raconter dans les médias que Didier Raoult l'a « guéri du Covid en quatre jours », mais en refusant de dire si c'est grâce à son hydroxychloroquine ou au « pastis » que le patron de l'IHU l'a encouragé en riant à prendre « chaque soir ». « Vie privée », oppose de Villiers comme ceux qui, à l'instar de Raoult lui-même, s'abstiendront de dévoiler s'ils sont vaccinés ou non.

« Ce qu'on voit… » « Ce que disent nos chiffres… » « Ce qu'on peut observer… » Dans une Marseille confinée comme le reste de la France, le patron de l'IHU continue à délivrer sur sa chaîne YouTube son « bulletin d'information scientifique » dans le cadre de l'émission toujours intitulée « Nous avons le droit d'être intelligents ». Sans masque – puisqu'il continue de penser que le virus se transmet avant tout par les mains –, il jongle avec courbes et graphiques, qu'il exhibe et commente chaque semaine. Sauf que la « Mecque de l'infectiologie » a perdu de son aura.

Désormais, quand le professeur publie une étude sur la « mortalité dans les Ehpad », sur les « virus mutants » marseillais (le « Marseille 4 » aurait provoqué l'augmentation des cas au mois d'août) ou sur une nouvelle souche du Covid-19 liée à des visons danois (« Je ne savais pas qu'il y avait des élevages en France »), il suscite plus d'indifférence que d'intérêt. Et lorsqu'il annonce, comme une révélation, que « l'ampleur de la consommation » de la chicha dans les bars de sa ville (dont il semble découvrir l'existence) « pourrait aussi expliquer l'explosion du nombre de cas de jeunes Marseillais contaminés au cours de l'été 2020 », la vidéo est partagée au milieu d'éclats de rire. Certes, le Haut Conseil de la santé publique n'exclut pas que les rassemblements de fumeurs favorisent la propagation du virus, mais le professeur est à ce point devenu un « personnage » que désormais ses « sketches » distraient plus qu'ils n'affolent. On croirait une caricature, une « marionnette des Guignols ». Raoult jouant Raoult, un *fake*, même, et ceux qui connaissent le professeur autrement que dans sa version publique ou ont éprouvé ses qualités ont presque de la peine pour lui.

Lui-même fait semblant d'ignorer que ses fans sont moins nombreux et se rassure en invitant le 14 octobre un directeur du CNRS, Laurent Mucchielli, à présider les journées annuelles du conseil scientifique de son IHU. Depuis le Laboratoire méditerranéen de sociologie d'Aix-Marseille, le sociologue de gauche, d'ordinaire occupé par les questions de délinquance ou de violences urbaines, s'est tout à coup pris de passion dans son blog de Mediapart pour la crise du Covid et la polémique sur l'hydroxychloroquine, derrière laquelle il lit à la fois la grande « médiocrité » des médias et la main « des intérêts pharmaceutiques ». Il signe aussi des tribunes dénonçant la communication « anxiogène » du gouvernement et proteste contre le reconfinement (avant de rejoindre Bas les masques, un site-blog « rassuriste » dont le directeur de la publication n'est autre que Stéphane Simon, ce producteur qui avait organisé le meeting finalement annulé avec Raoult et Onfray en vedettes). La présence du sociologue réjouit le patron de l'IHU. « Laurent Mucchielli nous a fait l'honneur d'être là », se félicite Didier Raoult dans un tweet tout en sobriété.

Pendant ce temps-là, dans l'anonymat du Web, ses disciples 2.0 chassent en meute et traquent toute une petite communauté de médecins qui s'étaient déjà déployés sur les réseaux avant la crise sanitaire et eux-mêmes très virulents, les NoFakeMed. À la tête du commando de voltigeurs chargés de ne leur laisser aucun répit, le professeur Éric Chabrière, le chef de l'incubateur à start-up de l'IHU, l'inventeur de l'enzyme annihilateur du gaz sarin, le commercialisateur des brevets de l'Institut, le biochimiste qui a « dosé » l'hydroxychloroquine lors de la mise au point du protocole marseillais avec son patron Raoult. Il tweete et retweete quatre fois par jour sinon plus, relayant méthodiquement les « raoultistes » les plus débridés et concoctant lui-même des messages détonants à coups de détournement d'affiches de livres ou de BD cultes, de références à des personnages historiques ou à des faits divers. Il ne recule devant rien. Raoult apparaît tirant à vue sur ses ennemis, parmi lesquels Olivier Véran, que Chabrière fait figurer sur ses tweets aux côtés de « Mister Bean » ou « Pol Pot » au choix. Réanimateur du CHU de Metz, Damien Barraud, qui s'est déchaîné contre le patron de l'IHU sur les réseaux ou à la télé, est lui associé à Francis Heaulme, « le tueur de Metz ». Pierre Tattevin, le président de la Spilf qui a porté plainte contre Raoult, est assimilé, image à l'appui, à « Tintin au Congo ». Infectiologue à l'hôpital Bichat, proche de Yazdan Yazdanpanah (l'une des bêtes noires de Raoult), membre du comité de pilotage de l'essai clinique Discovery, Nathan Peiffer-Smadja a droit lui à la couverture de *La mort est mon métier*, l'ouvrage de Robert Merle sur l'extermination des Juifs à Auschwitz. Le biochimiste cible également Karine Lacombe, cheffe de service des maladies infectieuses à l'hôpital Saint-Antoine, qui fait la guerre aux méthodes du patron de l'IHU et dont les « raoultiens » soulignent les liens avec le labo américain Gilead (le fabricant du Remdesivir). Lorsqu'elle est décorée de la Légion d'honneur en janvier avec Éric D'Ortenzio, épidémiologiste à l'Inserm et coordinateur scientifique du réseau REACTing (« Toujours le même cluster », selon Raoult), le biochimiste de l'IHU poste l'affiche du film *La Chute* (sur les derniers jours d'Hitler) avec ce commentaire : « Légion d'honneur, prix, promotion… le chant du cygne de ce système politico-médical qui n'a plus le choix que de se soutenir mutuellement… Patience, on connaît la fin. » Quant au journaliste Patrick Cohen, qui sur le plateau de « C à vous » débusque depuis le début de la crise les approximations ou les failles des essais de Didier Raoult, Éric Chabrière le renvoie au rang de collabo : « Cohen désinforme les Français, il a droit à sa place à radio Paris ment. »

« Je vous engage à regarder ce reportage. Que la vérité soit dite », tweete encore Chabrière quand *Hold-up* est mis en ligne. Ce documentaire complotiste (et dans lequel apparaissent Christian Perronne et Philippe Douste-Blazy) promeut toutes les intox liées à l'épidémie de coronavirus. Aujourd'hui, assis derrière un bureau de l'Institut, le biochimiste ne s'en cache pas : « Dupont-Aignan et Philippot m'appellent pour avoir des infos. » Il délivre arguments et conseils au député, rallié en 2017 à Marine Le Pen, et à l'ancien cadre du Rassemblement national avant qu'ils ne se rendent débattre du Covid sur les plateaux de télévision. Chabrière popularise aussi les formules railleuses destinées aux médecins et politiques qui mettent en doute la chloroquine ou prônent le confinement : « secte pro-science », « scientologues rachitiques », « khmers blancs », « enfermistes » (un néologisme piqué à Pascal Praud, le journaliste de CNews lui aussi vent debout contre les mesures gouvernementales). C'est également Éric Chabrière qui envoie l'un des avocats parisiens de Raoult, Fabrice Di Vizio (qui a

« détesté » *Hold-up*), faire le buzz dans l'émission « Touche pas à mon poste » de Cyril Hanouna.

Mais lorsque l'heure devient vraiment grave, alors Didier Raoult lui-même monte au feu. « Article fakenews », tweete-t-il, avec les mêmes mots que Donald Trump, le jour où le docteur Christian Lehmann publie dans *Libération* une enquête affirmant que chaque traitement au protocole Raoult entraîne des examens préalables et un suivi facturés plus de 1 200 euros, le tarif d'une hospitalisation de jour. L'argent ne va pas dans les caisses de l'IHU, et l'Assistance publique des hôpitaux de Marseille a entériné toutes ces hospitalisations, répond le patron de l'IHU, mais cette nouvelle affaire fait des dégâts, y compris parmi ses supporters. Dans *La Provence*, certains Marseillais qui en mars avaient fait la queue devant l'IHU, avec le sentiment de participer à une « grande aventure désintéressée », se sentent floués. Un coup dur pour l'Institut et Raoult.

Les partisans du professeur, quoique encore obsédés par l'hydroxychloroquine et ulcérés par son « interdiction », ont trouvé d'autres terrains d'action. Guerre contre le confinement, les masques, les vaccins… Les collectifs fleurissent, tel BonSens, qui veut « investiguer l'origine du coronavirus et conteste les chiffres de l'épidémie ». Ce groupe compte parmi ses fondateurs Xavier Azalbert, le patron du *France-Soir* nouvelle formule, en réalité un simple site sur lequel Azalbert opère presque tout seul. Le « journal » 100 % pro-Raoult est aussi devenu le navire amiral de toute une mouvance conspirationniste. Dans cette sphère, Réinfo Covid, un autre collectif « anti-restrictions » qui prétend lutter contre

« le sensationnalisme culpabilisant » des grands « médias », diffuse sur son site des « protocoles » mêlant homéopathie, huiles essentielles ou hydroxychloroquine, en dehors de toute surveillance hospitalière (le lien a été retiré depuis).

Le professeur Raoult n'ignore pas qui porte la parole de ce collectif : Louis Fouché, un anesthésiste-réanimateur de l'hôpital de la Conception qui s'est illustré en organisant pendant l'hiver une manifestation contre les masques... devant les marches de l'IHU. Fouché, qui remet en cause la létalité du virus, « surévaluée » selon lui, a été convoqué par l'Assistance publique - hôpitaux de Marseille, son autorité de tutelle et celle de Didier Raoult. Celui-ci laisse pourtant le jeune « réa » donner une conférence dans l'amphithéâtre de son Institut. Christian Perronne est aussi convié à faire le point sur les traitements du coronavirus dans l'établissement public alors qu'il vient d'être exclu de la Fédération française contre les maladies vectorielles à tiques, mais surtout démis de ses fonctions de chef du service des maladies infectieuses à Garches.

À croire que l'amphi romain du professeur est devenu le lieu de la contre histoire du Covid... Là encore, ses amis se désolent. Comment en est-il arrivé là, lui qui faisait de la si « belle science », découvrait le *Mimivirus*, plaçait au-dessus de tout le doute cartésien et posait ses pas dans ceux de son « maître, Louis Pasteur » ?

« Je ne suis pas un complotiste, assure Didier Raoult. Je ne crois pas à un chef d'orchestre, mais la corruption, ça existe. » Souvent il ajoute : « Si s'interroger sur cette corruption, c'est être complotiste, alors je veux bien être qualifié de tel. » Puis sur CNews, au micro du populaire Jean-Marc Morandini, il n'hésite pas à se déclarer victime d'un « complot médico-politique très très haut placé ». Après la plainte déposée par la Spilf, le conseil de l'Ordre des médecins l'accuse à son tour de divulgation « d'information erronée au public, exposition à un risque injustifié, réalisation d'essais cliniques à la limite de la légalité », et même de « charlatanisme » – comme Christian Perronne. « Charlatanisme », fait mine de s'amuser Didier Raoult, qui a porté plainte en retour pour « harcèlement » contre l'Ordre. « J'aurai tout entendu… Il faut oser me traiter de charlatan. Je trouve cela cocasse. »

Le voilà entraîné dans le camp de ceux qui, à force de flirter avec les théories alternatives, se brûlent les ailes. Mais Didier Raoult ne regrette rien. Il ne regrette jamais rien. Il a eu raison. Il a toujours raison. Même quand il se trompe. Certains de ses proches ont essayé, du bout des lèvres, de lui rappeler qu'il était à l'honneur des grands chercheurs de « savoir reconnaître ses erreurs ». Ils ont été foudroyés du regard. « Un grand QI, dit l'un d'eux, n'est pas garantie de lucidité. Et encore moins de responsabilité. » Le professeur semble définitivement dévoré par son ego, comme si la chloroquine et la lutte contre le Covid n'étaient plus l'enjeu désormais, et les précautions à prendre face à un public désemparé ou chauffé à blanc le cadet de ses soucis. Lui, lui, lui. Le plaisir de se dresser seul contre tous, de se lever « contre les dogmes », de mépriser les « deuxièmes couteaux » de la science et de la médecine reste son carburant. « Je suis un nietzschéen, dit-il encore aujourd'hui dans son *bureau du destin*. Je cherche la contradiction. » Il enchaîne sur *Le Gai Savoir* et « cette capacité d'être génial en maniant l'incohérence. Ne pas être d'accord avec soi-même, c'est la manière la plus intelligente d'être. On ne pense pas la même chose toutes les minutes, c'est idiot. » Si, dans son for intérieur, le doute n'est pas totalement absent, il le garde pour lui. Cela risquerait de lézarder sa statue de marbre qui l'emprisonne plus que jamais.

Chez Michel Lafon, il publie, comme un général de Gaulle ses *Mémoires*, des *Carnets de guerre* du Covid, un pavé de 473 pages enveloppé d'un bandeau accrocheur : « le plus grand scandale sanitaire du XXIe siècle ». Ses lecteurs n'y trouveront pourtant aucune preuve du scandale que l'auteur entend dénoncer. Le livre compile toutes ses déclarations sur YouTube et ses réunions de l'année 2020 (un verbatim retranscrit à la virgule près par Yanis Roussel). Chaque mot est là. Même le style parlé est respecté, comme si rien ne devait être retouché de la parole sacrée. « Ainsi, écrit Didier Raoult dans la préface de cette bible, tout est présent. Chacun peut juger sur fait. Cela laissera une trace dans l'Histoire. » Il oublie de mentionner le changement de titre de la trop fameuse vidéo du 25 février, « Fin de partie ! » (où il expliquait que le Covid était « probablement l'infection respiratoire la plus facile à traiter de toutes »), débaptisée quelques jours plus tard « Vers une sortie de crise ? », et rebaptisée plus prudemment encore dans ses *Carnets de guerre* : « Coronavirus : un risque de pandémie ? »

Amorce-t-il un début d'autocritique, au moins sur sa communication ? Pas du tout. Rien n'est sa faute. « La guerre contre la chloroquine est quelque chose d'extrêmement étrange, conclut-il en postface de ses *Carnets*. Je ne peux pas dire que je la comprenne tout à fait. Elle a démarré très rapidement, et du jour au lendemain, quand nous avons publié un papier très banal [à la suite de la vidéo du 25 février] qui ne méritait ni ces honneurs ni cette indignité, qui rapportait que le portage viral était plus court si on donnait de l'hydroxychloroquine, encore plus si on ajoutait de l'azithromycine. » Le professeur joue les naïfs, à moins que les mécanismes du déni lui aient fait perdre pour de bon toute perspicacité.

« L'Histoire fera le tri », répète-t-il, agacé que ses détracteurs, qui oublient de porter à son crédit « tout ce qu'il a apporté » durant la crise, notamment les tests et les dépistages. En attendant, il continue d'affirmer que « 4,6 milliards de gens vivent dans des pays dans lesquels on recommande l'hydroxychloroquine », sans citer tous ceux où ce traitement a été abandonné ou interdit (les États-Unis, l'Italie, l'Allemagne, l'Espagne, les Pays-Bas, Israël…). Si la chloroquine est utilisée ailleurs, c'est souvent en dépit des recommandations des autorités sanitaires locales. En juin 2020, après la série d'études défavorables au protocole Raoult, même la Chine ne conseille plus l'utilisation de la molécule, avec ou sans « son » antibiotique. Mais, c'est vrai, durant la même période, l'Inde, l'un des pays les plus peuplés du monde, et aussi le Maroc, l'Iran, l'Algérie ou la Tunisie restent fidèles à son traitement. Et bien sûr le Sénégal, où le professeur compte toujours autant de supporters.

Dans les Bouches-du-Rhône, ses soutiens politiques ne l'abandonnent pas non plus et lui gardent une place sur le piédestal. Martine Vassal, la présidente du conseil général, lui remet le « grand prix départemental » de la recherche en Provence « pour l'ensemble de ses découvertes ». Une sorte de retour aux sources, cruel sinon injuste, puisque c'était elle déjà qui avait inauguré l'IHU en 2018 en l'absence de membres du gouvernement.

Quelques jours plus tard, le 31 mars, Didier Raoult a filé à Dakar. Infatigable malgré ses soixante-neuf ans, toujours « curieux », prêt à relever « de nouveaux défis scientifiques » et à partir encore sur la trace des singes verts pour étudier les mécanismes des zoonoses ou « l'émergence des variants du Covid ». Il ne dépose aucune arme à terre. Le président Macky Sall l'a reçu au Palais et élevé à la dignité de « commandeur dans l'ordre national du Lion » de la République du Sénégal. Ce pays qui l'a vu naître, où son père lui racontait l'histoire des amibes ou des virus et qui, lorsque la France semble se détourner de lui, n'oublie jamais de lui ouvrir ses bras.

ÉPILOGUE

Dans le *bureau du destin*, la photo du président Macron, qui venait au-dessous de celle d'Hollande, elle-même placée sous Sarkozy et Chirac, a été décrochée. À la place, on voit un clou.

« Où est-elle passée ? demande-t-on au professeur.

— Je l'ai enlevée… Elle est là-bas, par-derrière. »

Il désigne un mur, au fond de la pièce. Emmanuel Macron a été mis au piquet, son portrait remisé à l'autre bout du bureau. Le professeur est « fâché » contre le chef de l'État, à cause, dit-il, d'un choix « honteux et indigne » : la décoration offerte à des médecins ou chercheurs engagés dans la lutte contre le Covid lors de la dernière promotion de la Légion d'honneur, le 1er janvier 2021. Les récipiendaires appartiennent à « la bande » de ses ennemis. « Ils font tous partie du même club, ce n'est pas bien. Il y a une limite, ça ne correspond pas à ma définition. Pour la République, il ne faut pas faire ça. » Voilà le rebelle devenu gardien du temple ! Il compte les médailles, et Emmanuel Macron est le seul président à ne lui en avoir donné aucune. Avec la chloroquine, le professeur rêvait de rentrer dans l'histoire. Que retiendra-t-on de lui ?

« Vous trouvez que je n'ai pas pesé ? » se raidit-il quand on lui demande si sa manière d'être et de faire, depuis que la pandémie a éclaté, n'a pas nui à sa cause. « Vous ne vous rendez pas compte du poids que j'ai eu. Si vous aviez une idée de ce que j'ai pesé dans le monde, c'est inédit. Même moi je ne pensais pas que c'était possible. » Au-dessus de sa table de travail reste toujours inscrit l'antique avertissement latin : « Prends garde, consul ! Il n'y a pas loin de la roche Tarpéienne au Capitole. » Le professeur avance sans se retourner.

Les autrices remercient Karina Hocine, Antoine Gallimard, Nicolas Diat, Charlotte von Essen, Pascal Lenoir et l'ensemble de son équipe, notamment Sylvie Deniau, Brice Coladon et Hélène Valentinelli. Et évidemment tous ceux qui, à Paris, Marseille ou ailleurs, nous ont aidées à reconstituer cette histoire.